Inhaltsverzeichnis

1 **Immer zwei Käfer sind gleich.
Kreise sie mit derselben Farbe ein.**

2 **Professor Flattermann sucht zwei seltene
Schmetterlingsarten. Finde sie und verbinde sie
mit dem Bild im Buch.**

① ② ③

①

②

1

11

2 10, __9__ , __8__ , ___ , ___ , ___ , ___ , ___ , ___ , ___

3

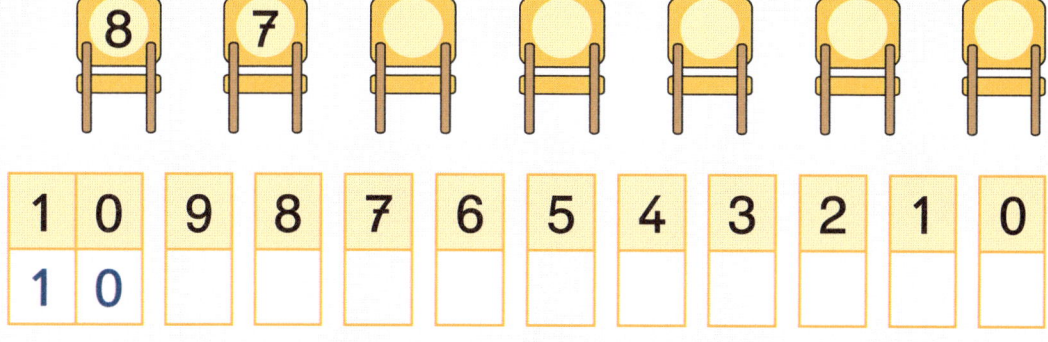

5 ___ ___ ___ ___ ___

4 **Im Theater**

1	0	9	8	7	6	5	4	3	2	1	0
1	0										

1

 🐴	| |	2
🌸		
🦔		
🐰		
🐞		

🐑		
🦋		
🐭		
🐦		
🦢		

6

1

| 1 | 3 | 5 | | | 11 |

| 10 | 8 | 6 | | | 0 |

| 0 | 2 | 4 | | | 10 |

| 12 | 10 | 8 | | | 2 |

| 0 | 3 | 6 | | |

 2

| 1 | 4 | 7 | | |

| 9 | | 5 | | 1 |

| 9 | 6 | | |

| 2 | 5 | | |

| 0 | 1 | 2 | 3 | 4 | 5 | 6 | 7 | 8 | 9 | 1 | 0 |
| 0 | | | | | | | | | | | |

1

Die Raupen zählen:

0 1 2 ... 10

10 9 ... 6 ... 0

1 ... 7 ...

2 ... 5 ... 10 ...

4 ... 8 ...

9 8 7 ... 0

0 ... 2 ...

7 ... 3 ...

0	1	2	3	4	5	6	7	8	9	1	0

1 **Wer fährt wo? Zeichne die Fahrwege ein.**
(Polizei: 〰, Krankenwagen: 〰,
Abschleppwagen: 〰)

Bleib auf der Straße!

1 **Wie viele sind es?**

a)

_____ _____ _____

b)

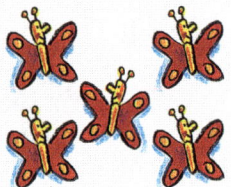  

_____ _____ _____

2 **Erkennst du die Zahl auf einen Blick?**

a)

_____ _____ _____ _____

b)

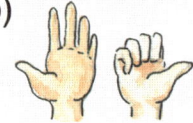 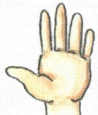 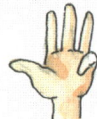 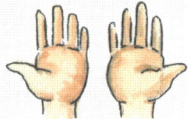

_____ _____ _____ _____

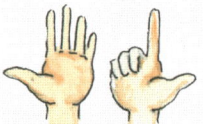 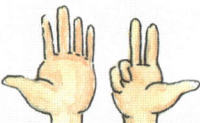 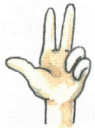 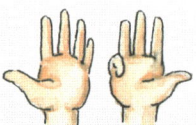

_____ _____ _____ _____

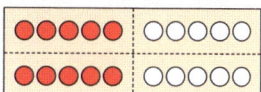

3 Zahlen im Zwanzigerfeld

———   ———   ———

———   ———   ———

———   ———   ———

———   ———   ———

———   ———   ———

4 Kleine Knobelei
Immer 5, immer anders: Male.

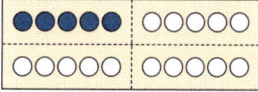

Hier sind auch 5!

1 **Welche Teile ergeben genau diese Stange? Kreise ein.**

a)

b)

c)

2 **Kreise die passenden Teile ein.**

a)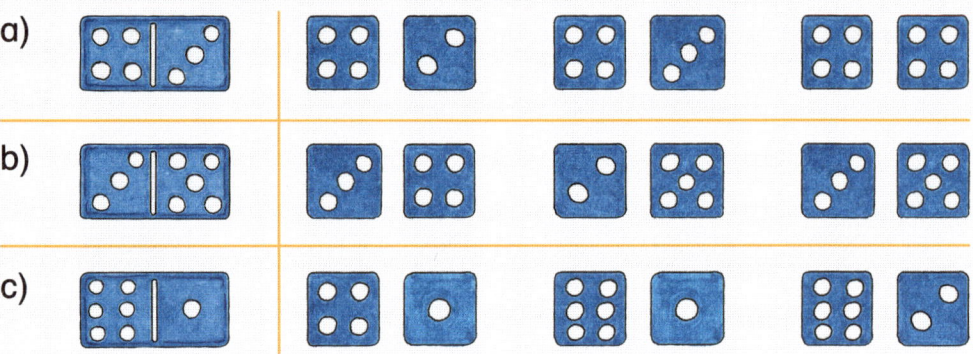

b)

c)

3 **Kreise die passenden Teile ein.**

a)

b)

c)

1 **Wie viele fehlen? Zeichne und schreibe auf.**

a)

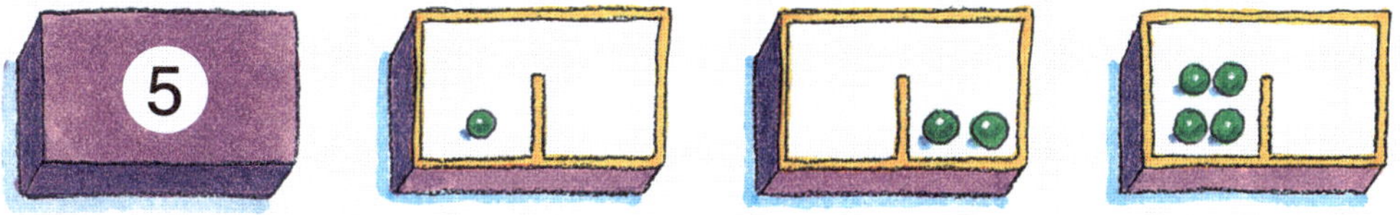

5

1 + ___   ___ + ___   ___ + ___

b)

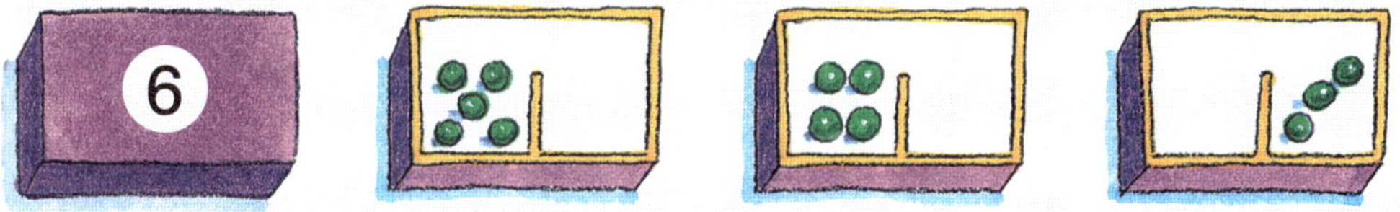

6

5 + ___   ___ + ___   ___ + ___

c)

7

___ + ___   ___ + ___   ___ + ___

d)

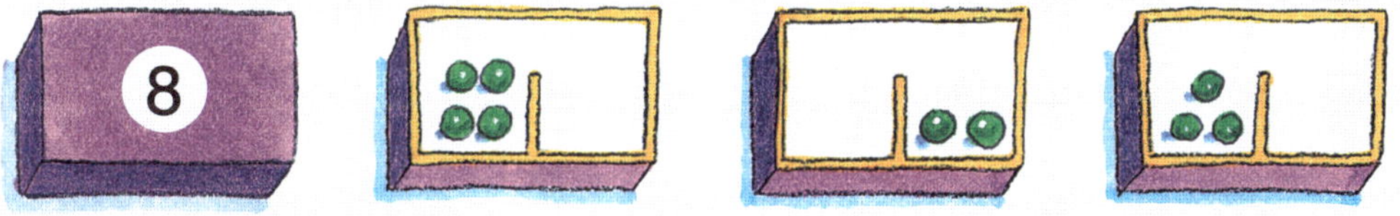

8

___ + ___   ___ + ___   ___ + ___

★ **2** **Kleine Knobelei**
Welche Schachtel hat Bim?
Zeichne und schreibe auf.

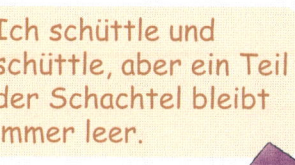

Ich schüttle und schüttle, aber ein Teil der Schachtel bleibt immer leer.

  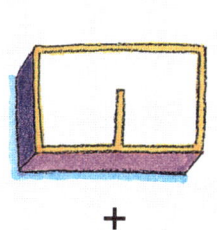

___ + ___   ___ + ___

1 Welche Zahl kommt nach …?

5 ___	8 ___
6 ___	10 ___
1 ___	7 ___
3 ___	9 ___

2 Welche Zahl kommt vor …?

___ 2	___ 9
___ 3	___ 7
___ 10	___ 5
___ 6	___ 1

... nach ...
... vor ...
... zwischen ...

3 Welche Zahl steht zwischen …?

3 ___ 5	1 ___ 3	7 ___ 9
0 ___ 2	8 ___ 10	5 ___ 7
4 ___ 6	2 ___ 4	6 ___ 8
9 ___ 11	10 ___ 12	

4 Ergänze.

a)

B

Vorgänger	Zahl	Nachfolger
5	6	7
	9	
	3	
	5	
	8	

b)

Vorgänger	Zahl	Nachfolger
	5	
	4	
	7	
	2	
	10	

1 Vergleiche die Türme.
Setze ein: $<$ $=$ $>$

$<$ „ist kleiner als"
$=$ „ist gleich"
$>$ „ist größer als"

a)

B 5 $<$ 6   __ ◯ __   __ ◯ __

b)

__ ◯ __   __ ◯ __   __ ◯ __

2 Setze ein: $<$ $=$ $>$

a) 5 ◯ 9   b) 8 ◯ 6   c) 3 ◯ 2

10 ◯ 8   7 ◯ 5   3 ◯ 3

2 ◯ 2   3 ◯ 8   3 ◯ 4

3 Kleine Knobelei: Setze auch hier $>$ und $<$ richtig ein.

a) 1 $<$ 2 ◯ 3   7 ◯ 8 ◯ 9 ◯ 10

b) 10 ◯ 9 ◯ 8   6 ◯ 5 ◯ 4 ◯ 3

1 Immer 5

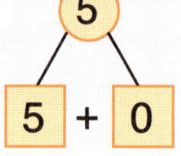

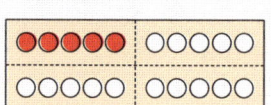 5 + 0

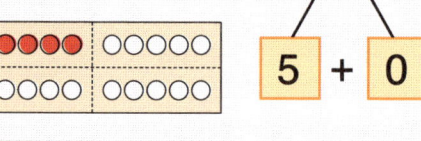 3 + ☐

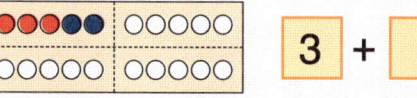 ☐ + ☐

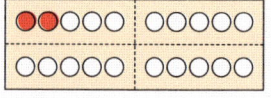 ☐ + ☐

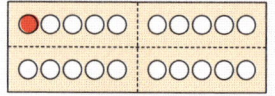 ☐ + ☐

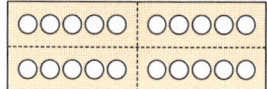 0 + ☐

2 Immer 6

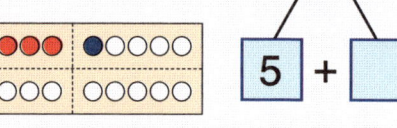

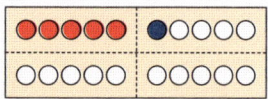 5 + ☐

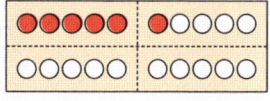 ☐ + ☐

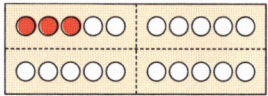 ☐ + ☐

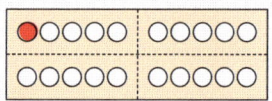 ☐ + ☐

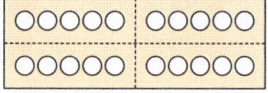 ☐ + ☐

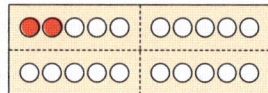 0 + ☐

☐ + ☐

3 Ergänze.

a)

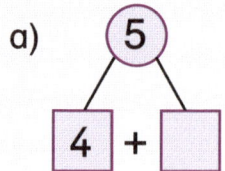 4 + ☐

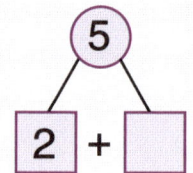 2 + ☐

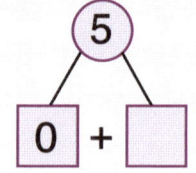 0 + ☐

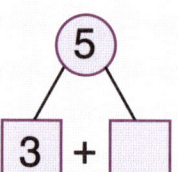 3 + ☐

b)

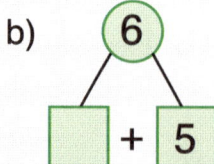 ☐ + 5

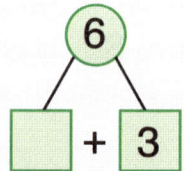 ☐ + 3

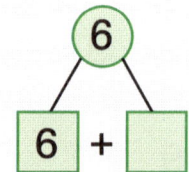 6 + ☐

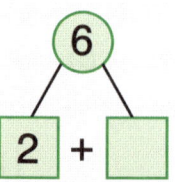 2 + ☐

 **4** Immer 7 **7**

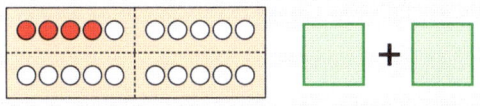 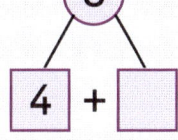 **5** + ☐

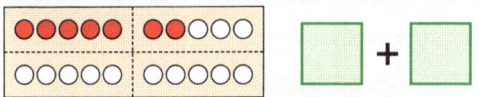 ☐ + ☐

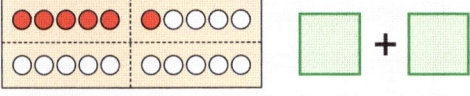 ☐ + ☐

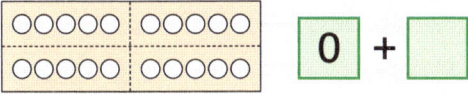 ☐ + ☐

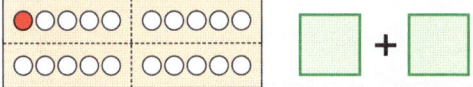 **0** + ☐

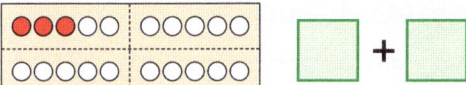 ☐ + ☐

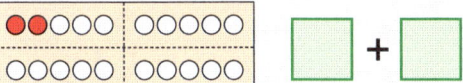 ☐ + ☐

☐ + ☐

5 Immer 8 **8**

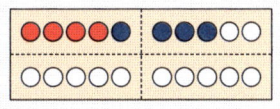 **4** + ☐

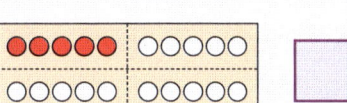 ☐ + ☐

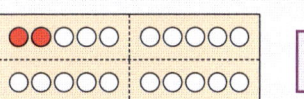 ☐ + ☐

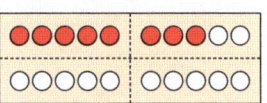 ☐ + ☐

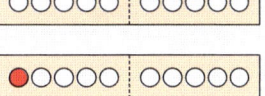 ☐ + ☐

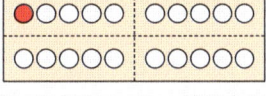 ☐ + ☐

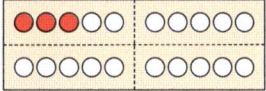 **0** + ☐

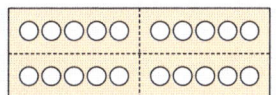 ☐ + ☐

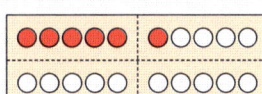 ☐ + ☐

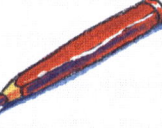

6 Kleine Knobelei
Welche Zahlen wurden hier zerlegt? Schreibe auf.

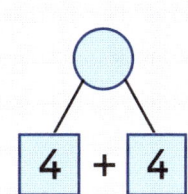

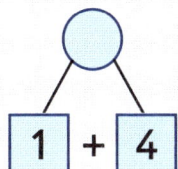 ☐ = **1** + **4**   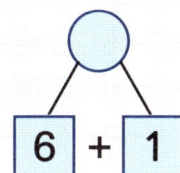 ☐ = **6** + **1**   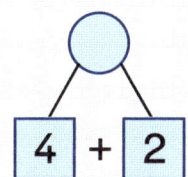 ☐ = **4** + **2**   ☐ = **4** + **4**

1 **Welcher Schatten gehört zu welcher Figur?**
Verbinde.

① Immer 9   ⑨

⚫⚫⚫⚫⚫ ⚫⚫⚫⚪	5 + ☐
⚫⚫⚫⚫⚫ ⚫⚫⚫⚪⚪	☐ + ☐
⚫⚫⚪⚪⚪ ⚪⚪⚪⚪⚪	☐ + ☐
⚫⚫⚫⚫⚫ ⚫⚫⚫⚫⚪	☐ + ☐
⚫⚫⚫⚫⚪ ⚪⚪⚪⚪⚪	☐ + ☐
⚫⚪⚪⚪⚪ ⚪⚪⚪⚪⚪	☐ + ☐
⚪⚪⚪⚪⚪ ⚪⚪⚪⚪⚪	0 + ☐
⚫⚫⚫⚪⚪ ⚪⚪⚪⚪⚪	☐ + ☐
⚫⚫⚫⚫⚫ ⚫⚫⚪⚪⚪	☐ + ☐
⚫⚫⚫⚫⚫ ⚫⚪⚪⚪⚪	☐ + ☐

② Immer 10   ⑩

⚫⚫⚫⚫⚫ ⚫⚫⚫⚫⚫	9 + 1
⚫⚫⚫⚫⚫ ⚪⚪⚪⚪⚪	☐ + ☐
⚫⚫⚫⚫⚫ ⚫⚫⚫⚫⚫	☐ + ☐
⚫⚫⚫⚫⚪ ⚪⚪⚪⚪⚪	☐ + ☐
⚫⚫⚪⚪⚪ ⚪⚪⚪⚪⚪	☐ + ☐
⚫⚫⚫⚫⚫ ⚫⚪⚪⚪⚪	☐ + ☐
⚫⚪⚪⚪⚪ ⚪⚪⚪⚪⚪	☐ + ☐
⚪⚪⚪⚪⚪ ⚪⚪⚪⚪⚪	0 + ☐
⚫⚫⚫⚪⚪ ⚪⚪⚪⚪⚪	☐ + ☐
⚫⚫⚫⚫⚫ ⚫⚫⚪⚪⚪	☐ + ☐
⚫⚫⚫⚫⚫ ⚫⚫⚫⚪⚪	☐ + ☐

③ Ergänze.

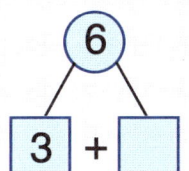 ⑥ 3 + ☐

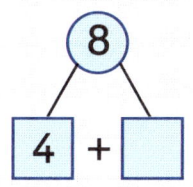 ⑧ 4 + ☐

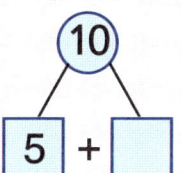 ⑩ 5 + ☐

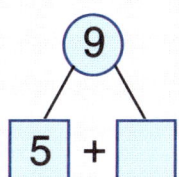 ⑨ 5 + ☐

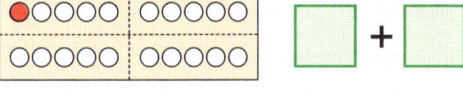
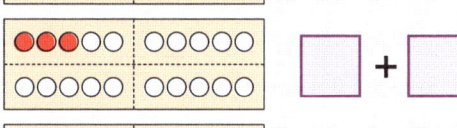

1 **Wie heißen die Rechnungen?**

a)

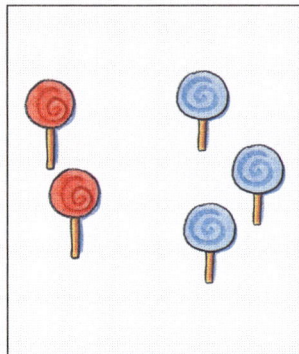  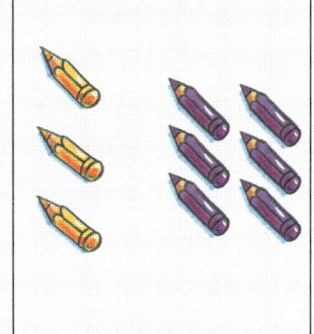

B   2 + 3 = 5   __ + __ = __   __ + __ = __

b)

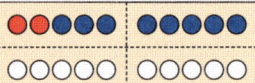

B   3 + 4 = 7   __ + __ = __   __ + __ = __

__ + __ = __   __ + __ = __   __ + __ = __

__ + __ = __   __ + __ = __   __ + __ = __

__ + __ = __   __ + __ = __   __ + __ = __

2 **Male und rechne.**

a)

  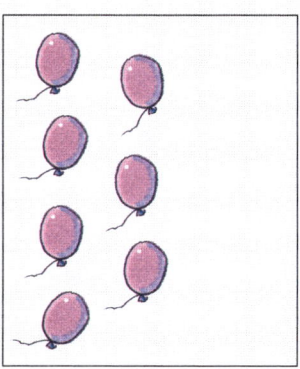

B 3 + 5 = ___   5 + 4 = ___   7 + 3 = ___

b)

4 + 6 = ___   1 + 7 = ___   3 + 3 = ___

6 + 2 = ___   1 + 5 = ___   9 + 0 = ___

4 + 1 = ___   0 + 2 = ___   2 + 7 = ___

3

3 + 7 = ___   9 + 1 = ___

5 + 2 = ___   2 + 7 = ___

6 + 3 = ___   5 + 0 = ___

① **Suche die Kinder im Bild. Kreise ein.**

Andreas

Sarah

Tim

Paula

Simon

Was stimmt
denn nun?

①

1 + 2 = ___
2 + 1 = ___

2 + 3 = ___
3 + 2 = ___

4 + 5 = ___
5 + 4 = ___

②

3 + ___ = ___
6 + ___ = ___

1 + ___ = ___
3 + ___ = ___

2 + ___ = ___
4 + ___ = ___

5 + ___ = ___
2 + ___ = ___

5 + ___ = ___
3 + ___ = ___

6 + ___ = ___
1 + ___ = ___

③

___ + ___ = ___
___ + ___ = ___

___ + ___ = ___
___ + ___ = ___

___ + ___ = ___
___ + ___ = ___

1 **Wie heißen die Rechnungen?**

a)

B   4 − 2 = 2   ___ − ___ = ___   ___ − ___ = ___

b)

B   8 − 7 = 1   ___ − ___ = ___   ___ − ___ = ___

    ___ − ___ = ___   ___ − ___ = ___   ___ − ___ = ___

    ___ − ___ = ___   ___ − ___ = ___   ___ − ___ = ___

    ___ − ___ = ___   ___ − ___ = ___   ___ − ___ = ___

② Wie heißen die Rechnungen?

B   6 − <u>2</u> = <u>4</u>   ___ − ___ = ___   ___ − ___ = ___

③ Streiche weg.

B   8 − 2 = <u>6</u>   9 − 6 = ___   5 − 5 = ___

7 − 1 = ___   10 − 7 = ___   9 − 9 = ___

5 − 4 = ___   8 − 5 = ___   6 − 4 = ___

④ Rechne.

8 − 0 = ___	7 − 2 = ___
6 − 3 = ___	10 − 5 = ___
5 − 3 = ___	8 − 3 = ___

1 **Welcher Klecks kommt aus welcher Tube?**
Male an.

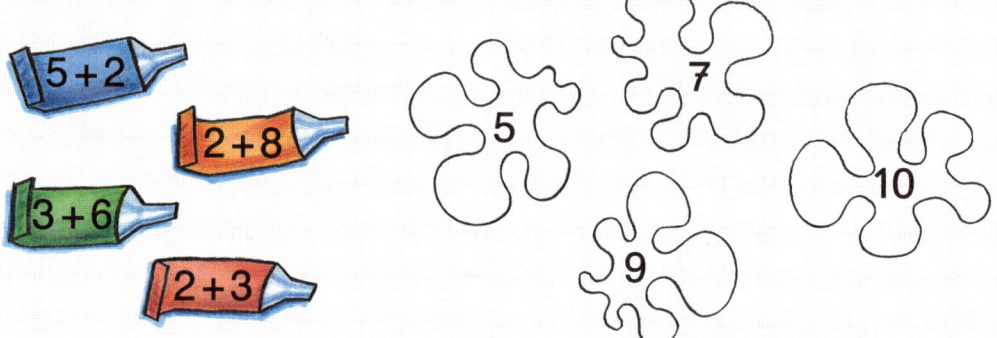

2 **Färbe nur die Aufgaben, die zum Ergebnis passen.**

a)

4 + 5	4 + 4

4 + 3	**8**	6 + 4

| 1 + 7 | | 6 + 2 |

| 2 + 6 | 2 + 7 |

b)

4 + 3	3 + 4

| 5 + 2 | **7** | 2 + 5 |

| 3 + 5 | | 6 + 3 |

| 4 + 4 | 2 + 4 |

3 **Tauschaufgaben**

a)
$4 + 3 = \underline{\hphantom{0}}$
$3 + 4 = \underline{\hphantom{0}}$

$6 + 2 = \underline{\hphantom{0}}$
$2 + 6 = \underline{\hphantom{0}}$

$5 + 4 = \underline{\hphantom{0}}$
$4 + 5 = \underline{\hphantom{0}}$

b)
$2 + 5 = \underline{\hphantom{0}}$
$\underline{\hphantom{0}} + \underline{\hphantom{0}} = \underline{\hphantom{0}}$

$7 + 3 = \underline{\hphantom{0}}$
$\underline{\hphantom{0}} + \underline{\hphantom{0}} = \underline{\hphantom{0}}$

$1 + 5 = \underline{\hphantom{0}}$
$\underline{\hphantom{0}} + \underline{\hphantom{0}} = \underline{\hphantom{0}}$

c)
$7 + 2 = \underline{\hphantom{0}}$
$\underline{\hphantom{0}} + \underline{\hphantom{0}} = \underline{\hphantom{0}}$

$6 + 4 = \underline{\hphantom{0}}$
$\underline{\hphantom{0}} + \underline{\hphantom{0}} = \underline{\hphantom{0}}$

$5 + 3 = \underline{\hphantom{0}}$
$\underline{\hphantom{0}} + \underline{\hphantom{0}} = \underline{\hphantom{0}}$

1 **Welcher Ball gehört in welchen Korb? Verbinde.**

 9 − 2

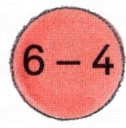 6 − 4

 8 − 5

 7 − 6

3

7

1

2

2 **Färbe nur die Aufgaben, die zum Ergebnis passen.**

a)

6 − 2	9 − 4

5 − 1		10 − 6

 4

6 − 3		8 − 3

7 − 3	8 − 4

b)

6 − 4	7 − 4

6 − 5		9 − 6

2

9 − 7		8 − 6

4 − 2	5 − 3

3 **Rechne und suche jeweils die nächsten beiden Aufgaben.**

8 − 2 = ___

7 − 2 = ___

6 − 2 = ___

___

___

7 − 3 = ___

6 − 3 = ___

5 − 3 = ___

___

7 − 3 = ___

7 − 4 = ___

7 − 5 = ___

___

___

27

1 **Ergänze, was fehlt.**

+2	+3	+4	+5
0 + 2 = ___	0 + 3 = ___	0 + 4 = ___	0 + ___ = ___
1 + 2 = ___	1 + 3 = ___	1 + ___ = ___	1 + ___ = ___
2 + 2 = ___	2 + ___ = ___	2 + ___ = ___	2 + ___ = ___
3 + ___ = ___	3 + ___ = ___	___ + ___ = ___	___ + ___ = ___
4 + ___ = ___	___ + ___ = ___	___ + ___ = ___	___ + ___ = ___
5 + ___ = ___	___ + ___ = ___	___ + ___ = ___	___ + ___ = ___
6 + ___ = ___	___ + ___ = ___	___ + ___ = ___	
7 + ___ = ___	___ + ___ = ___		
8 + ___ = ___			

+6	+7	+8	+9
0 + 6 = ___	0 + 7 = ___	0 + 8 = ___	0 + ___ = ___
1 + 6 = ___	1 + 7 = ___	1 + ___ = ___	___ + ___ = ___
2 + 6 = ___	2 + ___ = ___	___ + ___ = ___	
3 + ___ = ___	___ + ___ = ___		
4 + ___ = ___			

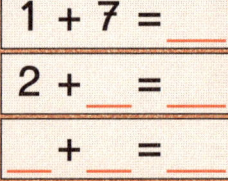

Lerne die
1+1-Aufgaben
auswendig.

Lerne auch diese
Aufgaben auswendig.

2 **Ergänze, was fehlt.**

−2

2 − 2 = ___
3 − 2 = ___
4 − 2 = ___
5 − ___ = ___
6 − ___ = ___
7 − ___ = ___
8 − ___ = ___
9 − ___ = ___
10 − ___ = ___

−3

3 − 3 = ___
4 − 3 = ___
5 − ___ = ___
6 − ___ = ___
___ − ___ = ___
___ − ___ = ___
___ − ___ = ___

−4

4 − 4 = ___
5 − ___ = ___
6 − ___ = ___
___ − ___ = ___
___ − ___ = ___
___ − ___ = ___

−5

5 − ___ = ___
6 − ___ = ___
7 − ___ = ___
___ − ___ = ___
___ − ___ = ___
___ − ___ = ___

−6

6 − 6 = ___
7 − 6 = ___
8 − 6 = ___
9 − ___ = ___
10 − ___ = ___

−7

7 − 7 = ___
8 − 7 = ___
9 − ___ = ___
___ − ___ = ___

−8

8 − 8 = ___
9 − ___ = ___
___ − ___ = ___

−9

9 − ___ = ___
___ − ___ = ___

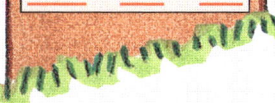

①
4 + 1 = ___   2 + 2 = ___   2 + 3 = ___

5 + 3 = ___   4 + 2 = ___   5 + 2 = ___

4 + 4 = ___   3 + 4 = ___   7 + 2 = ___

1 + 1 = ___   6 + 2 = ___   3 + 1 = ___

②
9 + 1 = ___   5 + 4 = ___   1 + 8 = ___

6 + 3 = ___   0 + 0 = ___   9 + 0 = ___

4 + 6 = ___   3 + 5 = ___   3 + 2 = ___

0 + 5 = ___   1 + 4 = ___   5 + 5 = ___

Durchhalten!

③ **Ergänze.**

 B

1 + ___ = 3   3 + ___ = 6   0 + ___ = 5

0 + ___ = 9   2 + ___ = 9   3 + ___ = 3

2 + ___ = 8   8 + ___ = 8   4 + ___ = 7

4 + ___ = 9   1 + ___ = 10   3 + ___ = 10

1

4 – 1 = ___	2 – 2 = ___	9 – 3 = ___
5 – 3 = ___	4 – 2 = ___	5 – 2 = ___
4 – 4 = ___	7 – 4 = ___	7 – 2 = ___
5 – 1 = ___	6 – 2 = ___	3 – 1 = ___

2

9 – 1 = ___	5 – 4 = ___	9 – 8 = ___
6 – 3 = ___	0 – 0 = ___	9 – 0 = ___
8 – 6 = ___	9 – 5 = ___	3 – 2 = ___
7 – 5 = ___	8 – 4 = ___	5 – 5 = ___

3 **Ergänze.**

B

7 – ___ = 5	3 – ___ = 0	8 – ___ = 5
6 – ___ = 5	9 – ___ = 2	3 – ___ = 3
5 – ___ = 1	8 – ___ = 8	4 – ___ = 1
9 – ___ = 7	6 – ___ = 2	7 – ___ = 4

31

1 Im unteren Bild sind 8 Fehler versteckt. Kreise sie ein.

Lösungen Mathe-Stars 1 Grundwissen

(zum Heraustrennen die mittlere Klammer lösen)

Genau hinschauen (1)

① Immer zwei Käfer sind gleich.
Kreise sie mit derselben Farbe ein.

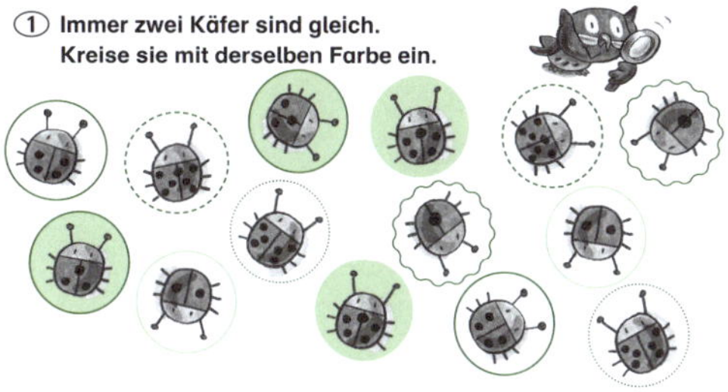

② Professor Flattermann sucht zwei seltene
Schmetterlingsarten. Finde sie und verbinde sie
mit dem Bild im Buch.

Genug?

①

Genug!

②

Nicht
genug!

Nicht
genug!

③

Vorwärts zählen

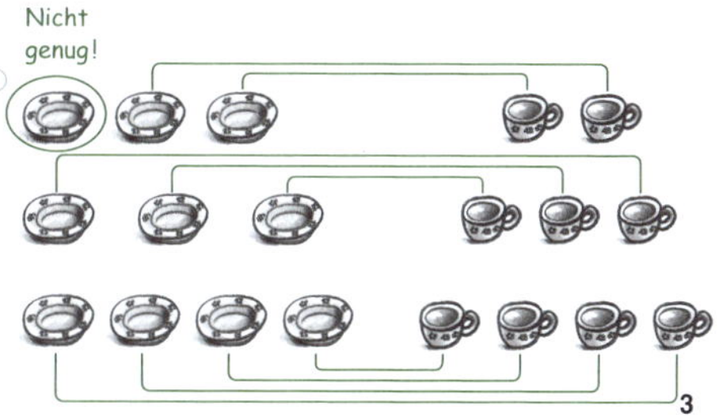

①

②

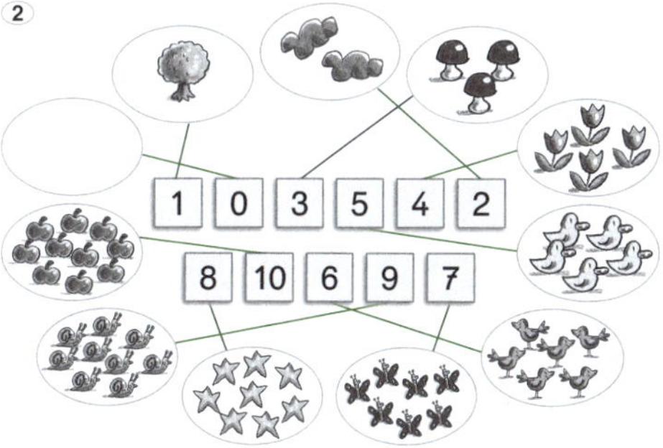

0	1	2	3	4	5	6	7	8	9	10
0	1	2	3	4	5	6	7	8	9	10

Rückwärts zählen

①

② 10, 9, 8, 7, 6, 5, 4, 3, 2, 1, 0

③

5   4   3   2   1   0

④ Im Theater

10	9	8	7	6	5	4	3	2	1	0
10	9	8	7	6	5	4	3	2	1	0

①

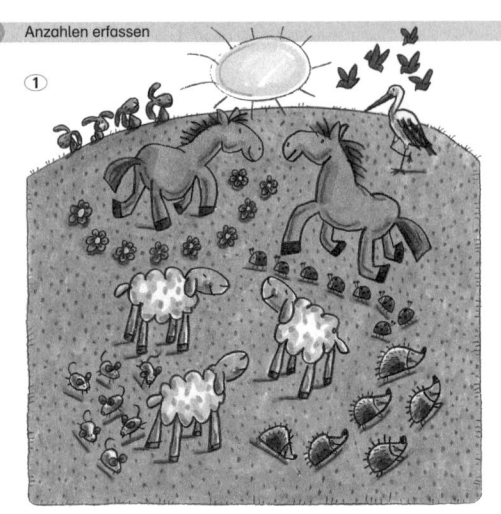

🐴	||	2
🌸	卌 ||||	9
🦔	卌 |	6
🐰	||||	4
🐢	卌 |||	8

🍄	|||	3
🦋		0
🐭	卌 ||	7
🌿	卌	5
🐦	|	1

6

①

1	3	5	7	9	11
10	8	6	4	2	0
0	2	4	6	8	10
12	10	8	6	4	2
0	3	6	9	12	

②

1	4	7	10	13
9	7	5	3	1
9	6	3	0	
2	5	8	11	

0	1	2	3	4	5	6	7	8	9	1 0
0	1	2	3	4	5	6	7	8	9	1 0

7

①

0 1 2 3 4 5 6 7 8 9 10

10 9 8 7 6 5 4 3 2 1 0

1 2 3 4 5 6 7 8 9 10 11

2 3 4 5 6 7 8 9 10 11 12

4 5 6 7 8 9 10 11 12 13 14

9 8 7 6 5 4 3 2 1 0

0 1 2 3 4 5 6 7

7 6 5 4 3 2 1 0

0	1	2	3	4	5	6	7	8	9	1 0
0	1	2	3	4	5	6	7	8	9	1 0

8

① **Wer fährt wo? Zeichne die Fahrwege ein.**
(**Polizei:** 🚗, **Krankenwagen:** 🚑,
Abschleppwagen: 🚙)

Bleib auf der Straße!

9

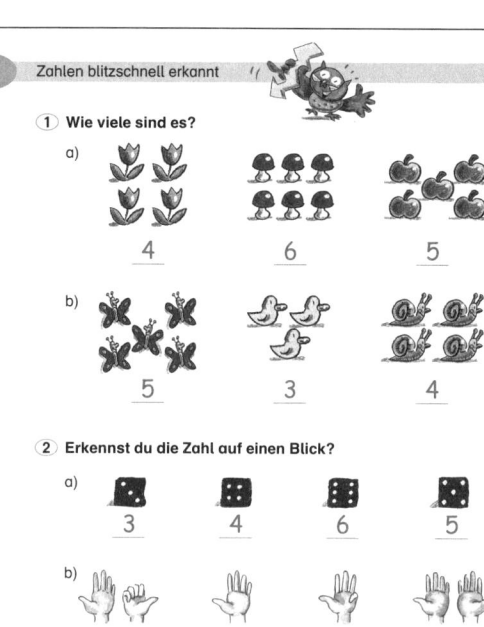

1 Wie viele sind es?

a)   4   6   5

b)   5   3   4

2 Erkennst du die Zahl auf einen Blick?

a)   3   4   6   5

b)   6   5   4   10

7   8   3   9

10

3 Zahlen im Zwanzigerfeld

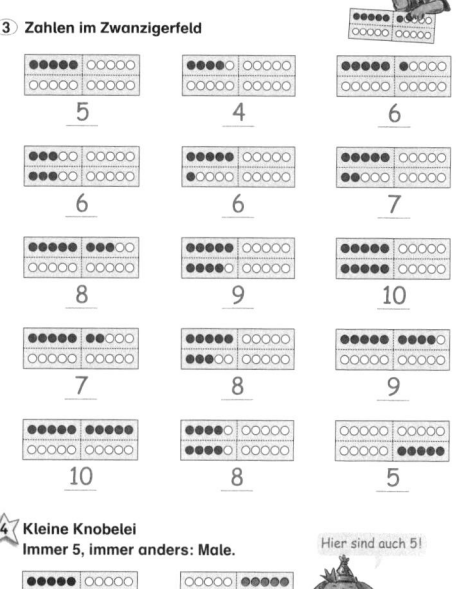

5   4   6

6   6   7

8   9   10

7   8   9

10   8   5

4 Kleine Knobelei
Immer 5, immer anders: Male.

Hier sind auch 5!

11

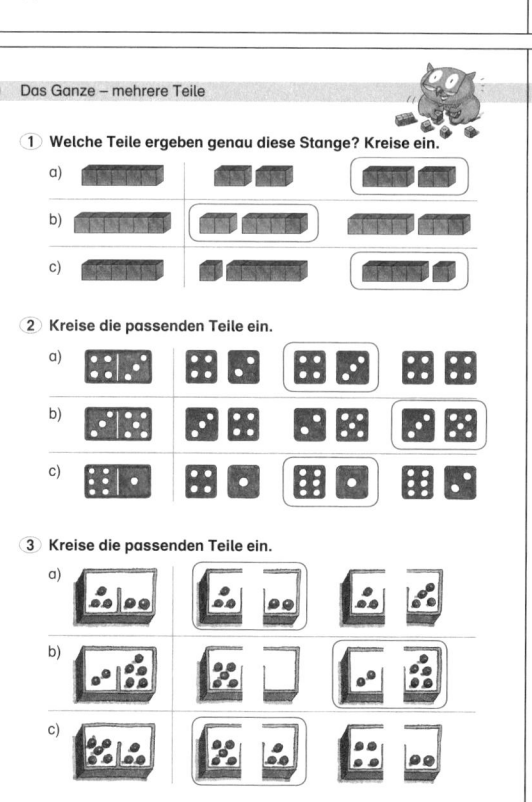

1 Welche Teile ergeben genau diese Stange? Kreise ein.

a)

b)

c)

2 Kreise die passenden Teile ein.

a)

b)

c)

3 Kreise die passenden Teile ein.

a)

b)

c)

12

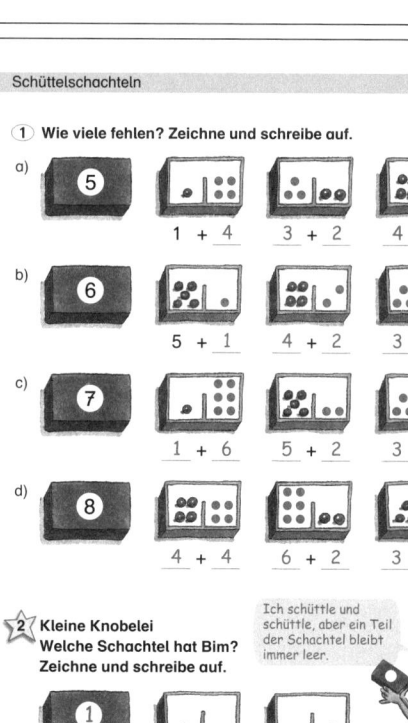

1 Wie viele fehlen? Zeichne und schreibe auf.

a)   5   1 + 4   3 + 2   4 + 1

b)   6   5 + 1   4 + 2   3 + 3

c)   7   1 + 6   5 + 2   3 + 4

d)   8   4 + 4   6 + 2   3 + 5

2 Kleine Knobelei
Welche Schachtel hat Bim?
Zeichne und schreibe auf.

Ich schüttle und
schüttle, aber ein Teil
der Schachtel bleibt
immer leer.

1   1 + 0   0 + 1

13

1 Welche Zahl kommt nach …?

5	6	8	9
6	7	10	11
1	2	7	8
3	4	9	10

2 Welche Zahl kommt vor …?

1	2	8	9
2	3	6	7
9	10	4	5
5	6	0	1

… nach …
… vor …
… zwischen …

3 Welche Zahl steht zwischen …?

3	4	5	1	2	3	7	8	9
0	1	2	8	9	10	5	6	7
4	5	6	2	3	4	6	7	8
9	10	11	10	11	12			

4 Ergänze.

a)
Vorgänger	Zahl	Nachfolger
5	6	7
8	9	10
2	3	4
4	5	6
7	8	9

b)
Vorgänger	Zahl	Nachfolger
4	5	6
3	4	5
6	7	8
1	2	3
9	10	11

14

---

1 Vergleiche die Türme. Setze ein: < = >

< „ist kleiner als"
= „ist gleich"
> „ist größer als"

a)

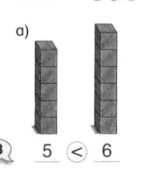 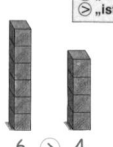 

B 5 < 6   6 > 4   3 = 3

b)

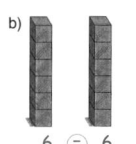  

6 = 6   3 < 4   5 > 3

2 Setze ein: < = >

a) 5 < 9   b) 8 > 6   c) 3 > 2
10 > 8   7 > 5   3 = 3
2 = 2   3 < 8   3 < 4

3 Kleine Knobelei: Setze auch hier > und < richtig ein.

a) 1 < 2 < 3   7 < 8 < 9 < 10

b) 10 > 9 > 8   6 > 5 > 4 > 3

15

---

1 Immer 5

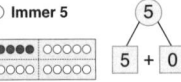 5 + 0
3 + 2
4 + 1
2 + 3
1 + 4
0 + 5

2 Immer 6   (6)

5 + 1
6 + 0
3 + 3
4 + 2
1 + 5
0 + 6
2 + 4

3 Ergänze.

a)
 (5) 4 + 1   (5) 2 + 3   (5) 0 + 5   (5) 3 + 2

b)
 (6) 1 + 5   (6) 3 + 3   (6) 6 + 0   (6) 2 + 4

16

---

4 Immer 7   (7)

5 + 2
6 + 1
7 + 0
4 + 3
0 + 7
1 + 6
3 + 4
2 + 5

5 Immer 8   (8)

4 + 4
5 + 3
2 + 6
8 + 0
1 + 7
3 + 5
0 + 8
6 + 2
7 + 1

6 Kleine Knobelei
Welche Zahlen wurden hier zerlegt? Schreibe auf.

 (5) 1 + 4   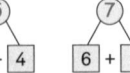 (7) 6 + 1   (6) 4 + 2   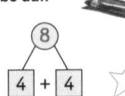 (8) 4 + 4

17

① Welcher Schatten gehört zu welcher Figur?
Verbinde.

18

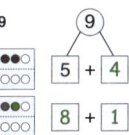

① Immer 9   ⑨

●●●●● ●●●●○		5 + 4
●●●●● ●●●●○		8 + 1
●●●●● ●●●●○		2 + 7
●●●●● ●●●●○		9 + 0
●●●●● ●●●●○		4 + 5
●●●●● ●●●●○		1 + 8
●●●●● ○○○○○		0 + 9
●●●●● ●●●●○		3 + 6
●●●●● ●●●●○		7 + 2
●●●●● ●●●●○		6 + 3

② Immer 10   ⑩

●●●●● ●●●●●		9 + 1
●●●●● ●●●●●		5 + 5
●●●●● ●●●●●		10 + 0
●●●●● ●●●●●		4 + 6
●●●●● ●●●●●		2 + 8
●●●●● ●●●●●		6 + 4
●●●●● ●●●●●		1 + 9
●●●●● ●●●●●		0 + 10
●●●●● ●●●●●		3 + 7
●●●●● ●●●●●		7 + 3
●●●●● ●●●●●		8 + 2

③ Ergänze.

⑥
3 + 3

⑧
4 + 4

⑩
5 + 5

⑨
5 + 4

19

---

① Wie heißen die Rechnungen?

a)

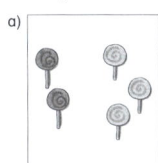  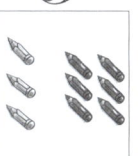

B 2 + 3 = 5   5 + 1 = 6   3 + 6 = 9

b)
●●●●● ●●○○○	●●●●● ●●●●●	●●●●● ●●○○○
○○○○○ ○○○○○	○○○○○ ○○○○○	○○○○○ ○○○○○

B 3 + 4 = 7   2 + 8 = 10   5 + 2 = 7

●●●●● ●●●●○	●●●●● ●○○○○	●●●●● ●●●●○
○○○○○ ○○○○○	○○○○○ ○○○○○	○○○○○ ○○○○○

4 + 5 = 9   2 + 4 = 6   8 + 1 = 9

●●●●● ●●○○○	●●●●● ●●●●●	●●●● ○○○○○
○○○○○ ○○○○○	○○○○○ ○○○○○	○○○○○ ○○○○○

7 + 2 = 9   1 + 9 = 10   3 + 2 = 5

●●●●● ●●●○○	●●●●● ●●●○○	●●●●● ●●○○○
○○○○○ ○○○○○	○○○○○ ○○○○○	○○○○○ ○○○○○

5 + 3 = 8   4 + 4 = 8   1 + 6 = 7

20

② Male und rechne.

a)

B 3 + 5 = 8   5 + 4 = 9   7 + 3 = 10

b)
●●●●● ●●●●●	●●●●● ●●○○○	●●●●● ●○○○○
○○○○○ ○○○○○	○○○○○ ○○○○○	○○○○○ ○○○○○

B 4 + 6 = 10   1 + 7 = 8   3 + 3 = 6

●●●●○ ○●●○○	●●●●● ●○○○○	●●●●● ●●●●○
○○○○○ ○○○○○	○○○○○ ○○○○○	○○○○○ ○○○○○

6 + 2 = 8   1 + 5 = 6   9 + 0 = 9

●●●●○ ○○○○○	●●○○○ ○○○○○	●●●●● ●●○○○
○○○○○ ○○○○○	○○○○○ ○○○○○	○○○○○ ○○○○○

4 + 1 = 5   0 + 2 = 2   2 + 7 = 9

③

3 + 7 = 10	9 + 1 = 10
5 + 2 = 7	2 + 7 = 9
6 + 3 = 9	5 + 0 = 5

21

① Suche die Kinder im Bild. Kreise ein.

Andreas   Sarah   Tim   Paula   Simon

22

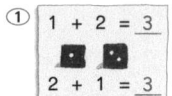
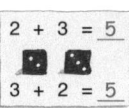

6 + 2 = …   6 + 2

2 + 6

2 + 6 = …

Was stimmt denn nun?

①
1 + 2 = 3   2 + 3 = 5   4 + 5 = 9
2 + 1 = 3   3 + 2 = 5   5 + 4 = 9

②
3 + 6 = 9   1 + 3 = 4   2 + 4 = 6
6 + 3 = 9   3 + 1 = 4   4 + 2 = 6

5 + 2 = 7   5 + 3 = 8   6 + 1 = 7
2 + 5 = 7   3 + 5 = 8   1 + 6 = 7

③
4 + 3 = 7   1 + 5 = 6   2 + 6 = 8
3 + 4 = 7   5 + 1 = 6   6 + 2 = 8

23

---

① Wie heißen die Rechnungen?

a)

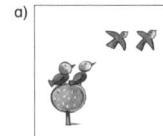  

Ⓑ   4 − 2 = 2   5 − 3 = 2   6 − 1 = 5

b)
8 − 7 = 1   10 − 9 = 1   8 − 3 = 5

7 − 7 = 0   6 − 5 = 1   9 − 4 = 5

6 − 0 = 6   7 − 6 = 1   4 − 3 = 1

8 − 4 = 4   3 − 1 = 2   9 − 7 = 2

24

---

② Wie heißen die Rechnungen?

 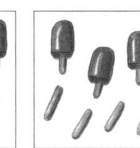 

Ⓑ   6 − 2 = 4   7 − 4 = 3   5 − 1 = 4

③ Streiche weg.

Ⓑ   8 − 2 = 6   9 − 6 = 3   5 − 5 = 0

7 − 1 = 6   10 − 7 = 3   9 − 9 = 0

5 − 4 = 1   8 − 5 = 3   6 − 4 = 2

④ Rechne.

8 − 0 = 8   7 − 2 = 5
6 − 3 = 3   10 − 5 = 5
5 − 3 = 2   8 − 3 = 5

25

① Welcher Klecks kommt aus welcher Tube?
Male an.

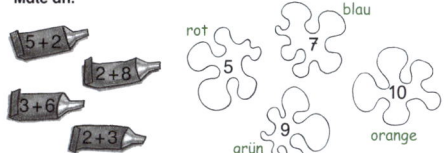

② Färbe nur die Aufgaben, die zum Ergebnis passen.

a)

4 + 5	4 + 4
4 + 3	6 + 4
1 + 7	6 + 2
2 + 6	2 + 7

8

b)

4 + 3	3 + 4
5 + 2	2 + 5
3 + 5	6 + 3
4 + 4	2 + 4

7

③ Tauschaufgaben

a)
4 + 3 = 7
3 + 4 = 7

6 + 2 = 8
2 + 6 = 8

5 + 4 = 9
4 + 5 = 9

b)
2 + 5 = 7
5 + 2 = 7

7 + 3 = 10
3 + 7 = 10

1 + 5 = 6
5 + 1 = 6

c)
7 + 2 = 9
2 + 7 = 9

6 + 4 = 10
4 + 6 = 10

5 + 3 = 8
3 + 5 = 8

26

① Welcher Ball gehört in welchen Korb? Verbinde.

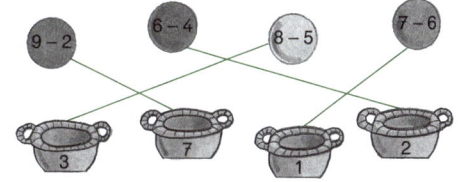

② Färbe nur die Aufgaben, die zum Ergebnis passen.

a)

6 - 2	9 - 4
5 - 1	10 - 6
6 - 3	8 - 3
7 - 3	8 - 4

4

b)

6 - 4	7 - 4
6 - 5	9 - 6
9 - 7	8 - 6
4 - 2	5 - 3

2

③ Rechne und suche jeweils die nächsten beiden Aufgaben.

8 - 2 = 6
7 - 2 = 5
6 - 2 = 4
5 - 2 = 3
4 - 2 = 2

7 - 3 = 4
6 - 3 = 3
5 - 3 = 2
4 - 3 = 1
3 - 3 = 0

7 - 3 = 4
7 - 4 = 3
7 - 5 = 2
7 - 6 = 1
7 - 7 = 0

27

① Ergänze, was fehlt.

+2
0 + 2 = 2
1 + 2 = 3
2 + 2 = 4
3 + 2 = 5
4 + 2 = 6
5 + 2 = 7
6 + 2 = 8
7 + 2 = 9
8 + 2 = 10

+3
0 + 3 = 3
1 + 3 = 4
2 + 3 = 5
3 + 3 = 6
4 + 3 = 7
5 + 3 = 8
6 + 3 = 9
7 + 3 = 10

+4
0 + 4 = 4
1 + 4 = 5
2 + 4 = 6
3 + 4 = 7
4 + 4 = 8
5 + 4 = 9
6 + 4 = 10

+5
0 + 5 = 5
1 + 5 = 6
2 + 5 = 7
3 + 5 = 8
4 + 5 = 9
5 + 5 = 10

+6
0 + 6 = 6
1 + 6 = 7
2 + 6 = 8
3 + 6 = 9
4 + 6 = 10

+7
0 + 7 = 7
1 + 7 = 8
2 + 7 = 9
3 + 7 = 10

+8
0 + 8 = 8
1 + 8 = 9
2 + 8 = 10

+9
0 + 9 = 9
1 + 9 = 10

Lerne die 1+1-Aufgaben auswendig.

28

② Ergänze, was fehlt.

Lerne auch diese Aufgaben auswendig.

-2
2 - 2 = 0
3 - 2 = 1
4 - 2 = 2
5 - 2 = 3
6 - 2 = 4
7 - 2 = 5
8 - 2 = 6
9 - 2 = 7
10 - 2 = 8

-3
3 - 3 = 0
4 - 3 = 1
5 - 3 = 2
6 - 3 = 3
7 - 3 = 4
8 - 3 = 5
9 - 3 = 6
10 - 3 = 7

-4
4 - 4 = 0
5 - 4 = 1
6 - 4 = 2
7 - 4 = 3
8 - 4 = 4
9 - 4 = 5
10 - 4 = 6

-5
5 - 5 = 0
6 - 5 = 1
7 - 5 = 2
8 - 5 = 3
9 - 5 = 4
10 - 5 = 5

-6
6 - 6 = 0
7 - 6 = 1
8 - 6 = 2
9 - 6 = 3
10 - 6 = 4

-7
7 - 7 = 0
8 - 7 = 1
9 - 7 = 2
10 - 7 = 3

-8
8 - 8 = 0
9 - 8 = 1
10 - 8 = 2

-9
9 - 9 = 0
10 - 9 = 1

29

①
4 + 1 = 5   2 + 2 = 4   2 + 3 = 5
5 + 3 = 8   4 + 2 = 6   5 + 2 = 7
4 + 4 = 8   3 + 4 = 7   7 + 2 = 9
1 + 1 = 2   6 + 2 = 8   3 + 1 = 4

②
9 + 1 = 10   5 + 4 = 9   1 + 8 = 9
6 + 3 = 9   0 + 0 = 0   9 + 0 = 9
4 + 6 = 10   3 + 5 = 8   3 + 2 = 5
0 + 5 = 5   1 + 4 = 5   5 + 5 = 10

Durchhalten!

③ Ergänze.

B
1 + 2 = 3   3 + 3 = 6   0 + 5 = 5
0 + 9 = 9   2 + 7 = 9   3 + 0 = 3
2 + 6 = 8   8 + 0 = 8   4 + 3 = 7
4 + 5 = 9   1 + 9 = 10   3 + 7 = 10

①
4 − 1 = 3   2 − 2 = 0   9 − 3 = 6
5 − 3 = 2   4 − 2 = 2   5 − 2 = 3
4 − 4 = 0   7 − 4 = 3   7 − 2 = 5
5 − 1 = 4   6 − 2 = 4   3 − 1 = 2

②
9 − 1 = 8   5 − 4 = 1   9 − 8 = 1
6 − 3 = 3   0 − 0 = 0   9 − 0 = 9
8 − 6 = 2   9 − 5 = 4   3 − 2 = 1
7 − 5 = 2   8 − 4 = 4   5 − 5 = 0

③ Ergänze.

B
7 − 2 = 5   3 − 3 = 0   8 − 3 = 5
6 − 1 = 5   9 − 7 = 2   3 − 0 = 3
5 − 4 = 1   8 − 0 = 8   4 − 3 = 1
9 − 2 = 7   6 − 4 = 2   7 − 3 = 4

① Im unteren Bild sind 8 Fehler versteckt. Kreise sie ein.

① Rechne und färbe den Pfeil in der Farbe des Ergebnisses.

B   3 + 1 = 4   grün
     4 + 6 = 10   braun
     9 − 3 = 6   gelb
     5 − 3 = 2   orange
     9 − 5 = 4   grün
     4 − 2 = 2   orange
     1 + 5 = 6   gelb
     10 − 4 = 6   gelb
     9 − 7 = 2   orange
     3 + 7 = 10   braun
     3 + 5 = 8   blau
     2 + 8 = 10   braun
     6 − 2 = 4   grün
     4 + 4 = 8   blau

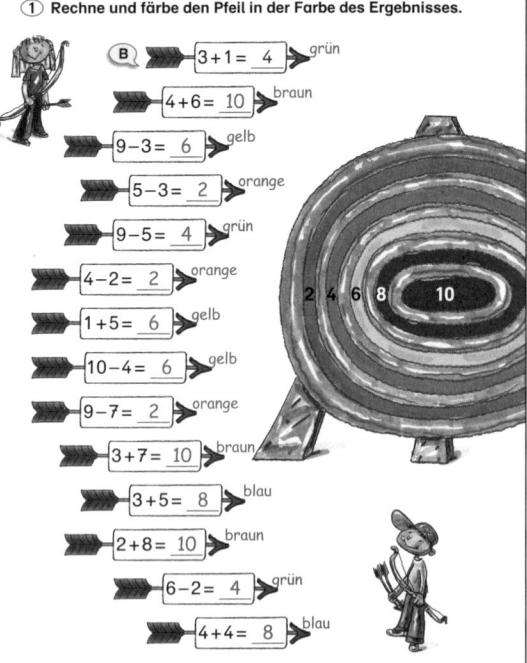

2 4 6 8 10

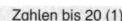

1 Wie viele sind es? Zähle und verbinde.

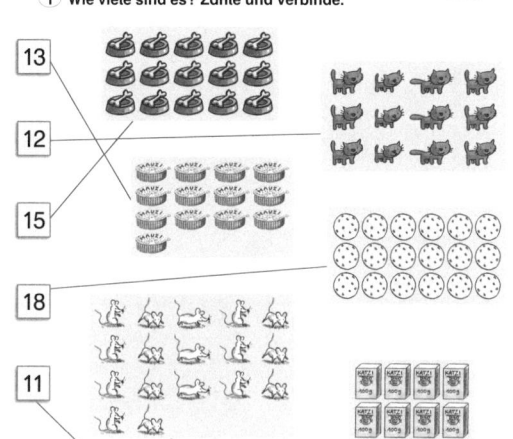

| 13 |
| 12 |
| 15 |
| 18 |
| 11 |
| 19 |
| 17 |

| 11 | 12 | 13 | 14 | 15 | 16 | 17 | 18 | 19 | 20 |

34

2 Zehner (Z) und Einer (E)

B   14 = 10 + 4   17 = 10 + 7   12 = 10 + 2

16 = 10 + 6   19 = 10 + 9   13 = 10 + 3

15 = 10 + 5   18 = 10 + 8   11 = 10 + 1

3 Schreibe die Zahlen.

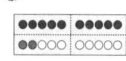

1 Z 7 E = 17   1 Z 2 E = 12   2 Z = 20

1 Z 4 E = 14   1 Z 9 E = 19   7 E = 7

1 Z 5 E = 15   1 Z 1 E = 11   1 Z = 10

4 Ergänze die fehlenden Zahlen.

10, 11, 12 , 13 , 14 , 15 , 16 , 17, 18 , 19 , 20

| 20 | 19 | 18 | 17 | 16 | 15 | 14 | 13 | 12 | 11 |

35

---

1 Verbinde die Kärtchen mit der richtigen Stelle am Zahlenstrahl.

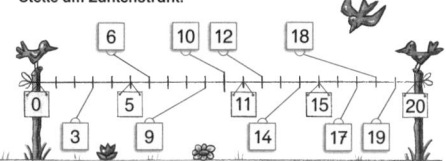

2 Zähle weiter.

6, 7, 8, 9 , 10 , 11 , 12 , 13 , 14

9, 10, 11, 12 , 13 , 14 , 15 , 16 , 17 , 18

16, 15, 14, 13 , 12 , 11 , 10 , 9 , 8

20, 19, 18, 17 , 16 , 15 , 14 , 13 , 12 , 11

3 Wie geht es weiter?

1, 3, 5, 7 , 9 , 11 , 13, 15 , 17 , 19 , 21

2, 4, 6, 8 , 10 , 12 , 14, 16 , 18 , 20

20, 18, 16, 14 , 12 , 10, 8 , 6 , 4 , 2 , 0

 **4** Kleine Knobelei

20, 17, 14, 11 , 8 , 5 , 2

36

5 Trage die fehlenden Zahlen ein.

| 1 | 2 | 3 | 4 | 5 | 6 | 7 | 8 | 9 | 10 |
| 11 | 12 | 13 | 14 | 15 | 16 | 17 | 18 | 19 | 20 |

6 Ausschnitte aus der Zwanzigertafel. Wie heißen die fehlenden Zahlen?

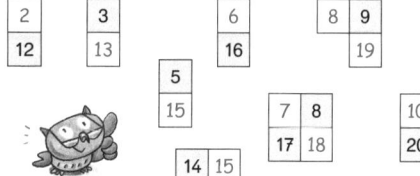

| 2 | | 3 | | | 6 | | 8 | 9 |
| 12 | | 13 | | | 16 | | | 19 |

| 5 |
| 15 |

| 7 | 8 |
| 17 | 18 |

| 10 |
| 20 |

| 14 | 15 |

7 Schreibe die Zahlen der Reihe nach auf. Beginne immer mit der kleinsten.

B
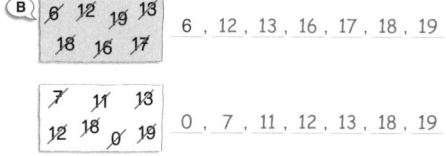

6 12 19 13
18 16 17
6 , 12 , 13 , 16 , 17 , 18 , 19

7 11 13
12 18 0 19
0 , 7 , 11 , 12 , 13 , 18 , 19

37

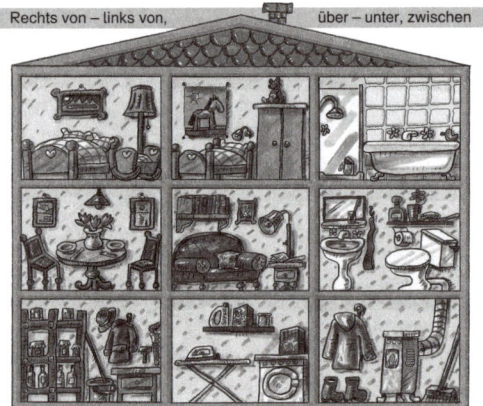

Male nur das richtige Bild wie im Puppenhaus an.

① Was siehst du rechts von  ?

38

② Was siehst du links von  ?

③ Was ist über  ?

④ Was ist zwischen  und  ?

39

Nachbarzahlen

① Welche Zahl kommt nach ...?

② Welche Zahl kommt vor ...?

14 _15_	13 _14_		_10_ 11	_18_ 19
18 _19_	19 _20_		_14_ 15	_15_ 16
12 _13_	17 _18_		_13_ 14	_19_ 20
16 _17_	15 _16_		_11_ 12	_12_ 13

③ Welche Zahl steht zwischen ...?

14 _15_ 16	12 _13_ 14	18 _19_ 20
17 _18_ 19	9 _10_ 11	15 _16_ 17
13 _14_ 15	10 _11_ 12	16 _17_ 18
11 _12_ 13	19 _20_ 21	7 _8_ 9

④ Welche Zahl steht davor und welche dahinter?

a)

Vorgänger	Zahl	Nachfolger
13	14	15
16	17	18
19	20	21
18	19	20

b)

Vorgänger	Zahl	Nachfolger
15	16	17
9	10	11
17	18	19
5	6	7

| 0 | 1 | 2 | 3 | 4 | 5 | 6 | 7 | 8 | 9 | 10 |

40

Zahlen vergleichen

① Vergleiche: < = >

16 < 19	12 > 11	14 = 14
15 < 17	19 > 15	10 = 10
20 > 11	17 < 18	11 < 14
13 > 10	14 < 17	18 < 20

② Zahlenrätsel

Meine Zahl ist um 1 kleiner als 20.
19

Meine Zahl ist größer als 13. Sie ist kleiner als 15.
14

Meine Zahl ist kleiner als 19. Sie ist größer als 17.
18

Welche Zahlen sind größer als 12 und kleiner als 15?
13   14

③ Kleine Knobelei

Meine Zahl liegt genau in der Mitte zwischen 10 und 20.
15

Meine Zahl ist genau in der Mitte zwischen 14 und 18.
16

| 11 | 12 | 13 | 14 | 15 | 16 | 17 | 18 | 19 | 20 |

41

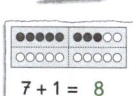

① Rechne.

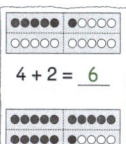

4 + 2 = 6	5 + 3 = 8	7 + 1 = 8
14 + 2 = 16	15 + 3 = 18	17 + 1 = 18

② Zeichne und rechne.

a)

1 + 4 = 5	3 + 6 = 9	6 + 2 = 8
11 + 4 = 15	13 + 6 = 19	16 + 2 = 18

b)

2 + 7 = 9	1 + 5 = 6	3 + 7 = 10
12 + 7 = 19	11 + 5 = 16	13 + 7 = 20

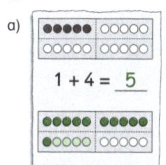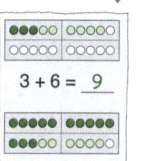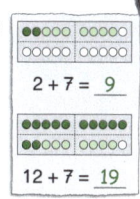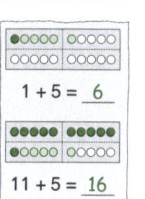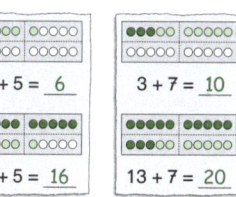

③ Die kleine Aufgabe hilft dir.

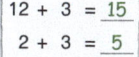

12 + 3 = 15	15 + 4 = 19	13 + 6 = 19
2 + 3 = 5	5 + 4 = 9	3 + 6 = 9
11 + 7 = 18	14 + 5 = 19	13 + 7 = 20
1 + 7 = 8	4 + 5 = 9	3 + 7 = 10
16 + 2 = 18	18 + 1 = 19	11 + 5 = 16
6 + 2 = 8	8 + 1 = 9	1 + 5 = 6

④ Denke an die kleine Aufgabe. Rechne.

12 + 2 = 14	11 + 4 = 15	11 + 3 = 14
15 + 3 = 18	13 + 2 = 15	13 + 6 = 19
11 + 7 = 18	16 + 1 = 17	
13 + 5 = 18	12 + 4 = 16	

⑤ Kleine Knobelei

4 + 2 = 6	6 + 3 = 9
14 + 2 = 16	16 + 3 = 19
24 + 2 = 26	26 + 3 = 29
34 + 2 = 36	36 + 3 = 39

42

43

---

① Findest du den Schuh? Male ihn an.

② Suche auch die Kanne und die Jacke. Male sie an.

③ Findest du die beiden Vögel? Male sie an.

④ Suche den Elefanten. Male ihn an.

⑤ Wie viele Tiere erkennst du auf dem Bild? 7

44

45

Verwandte Aufgaben ⊖

① **Rechne.**

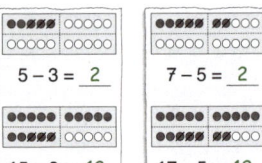

5 − 3 = 2   7 − 5 = 2   8 − 4 = 4

15 − 3 = 12   17 − 5 = 12   18 − 4 = 14

② **Zeichne und rechne.**

a)
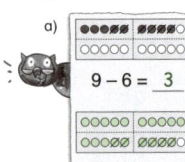

9 − 6 = 3   4 − 3 = 1   6 − 2 = 4

19 − 6 = 13   14 − 3 = 11   16 − 2 = 14

b)
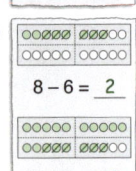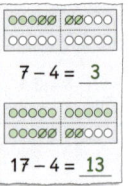

8 − 6 = 2   7 − 4 = 3   5 − 2 = 3

18 − 6 = 12   17 − 4 = 13   15 − 2 = 13

46

---

③ **Die kleine Aufgabe hilft dir.**

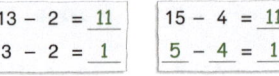

13 − 2 = 11   15 − 4 = 11   16 − 3 = 13
3 − 2 = 1   5 − 4 = 1   6 − 3 = 3

18 − 5 = 13   17 − 4 = 13   16 − 5 = 11
8 − 5 = 3   7 − 4 = 3   6 − 5 = 1

14 − 3 = 11   18 − 4 = 14   19 − 6 = 13
4 − 3 = 1   8 − 4 = 4   9 − 6 = 3

④ **Denke an die kleine Aufgabe. Rechne.**

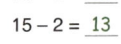

19 − 2 = 17   18 − 4 = 14   13 − 1 = 12

16 − 3 = 13   17 − 1 = 16   17 − 2 = 15

15 − 4 = 11   19 − 3 = 16

18 − 5 = 13   15 − 2 = 13

⑤ **Kleine Knobelei**

5 − 3 = 2   7 − 4 = 3

15 − 3 = 12   17 − 4 = 13

25 − 3 = 22   27 − 4 = 23

35 − 3 = 32   37 − 4 = 33

47

Verdoppeln

① **Immer das Doppelte**

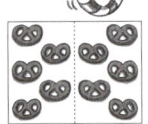

B   3 + 3 = 6   4 + 4 = 8   5 + 5 = 10

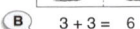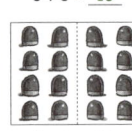

7 + 7 = 14   6 + 6 = 12   8 + 8 = 16

② **Zeichne und rechne.**

B   2 + 2 = 4   4 + 4 = 8   9 + 9 = 18

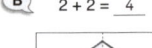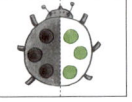

5 + 5 = 10   3 + 3 = 6   7 + 7 = 14

48

---

③ **Rechne.**

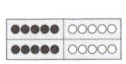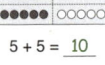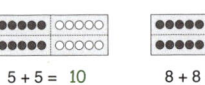

5 + 5 = 10   8 + 8 = 16   6 + 6 = 12

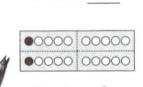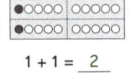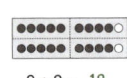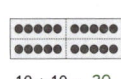

1 + 1 = 2   9 + 9 = 18   10 + 10 = 20

④ **Zeichne und rechne.**

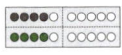

4 + 4 = 8   3 + 3 = 6   5 + 5 = 10

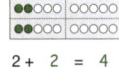

8 + 8 = 16   7 + 7 = 14   2 + 2 = 4

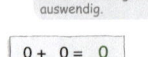

Lerne die Aufgaben auswendig.

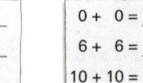

⑤ **Rechne.**

3 + 3 = 6   0 + 0 = 0   5 + 5 = 10
4 + 4 = 8   6 + 6 = 12   8 + 8 = 16
7 + 7 = 14   10 + 10 = 20 9 + 9 = 18

49

Halbieren

① **Halbiere** und rechne.

B 6 = 3 + 3   4 = 2 + 2   8 = 4 + 4

  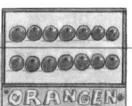

12 = 6 + 6   10 = 5 + 5   14 = 7 + 7

② Halbiere.

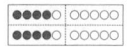

8 = 4 + 4   6 = 3 + 3   4 = 2 + 2

12 = 6 + 6   14 = 7 + 7   10 = 5 + 5

18 = 9 + 9   16 = 8 + 8   20 = 10 + 10

50

Verdoppeln und Halbieren

① Verdopple und halbiere.

4 + 4 = 8   8 = 4 + 4

2 + 2 = 4   4 = 2 + 2

8 + 8 = 16   16 = 8 + 8

6 + 6 = 12   12 = 6 + 6

10 + 10 = 20   20 = 10 + 10

② Ergänze.

	1	2	3	4	5	6	7	8	9	10	
verdoppeln	2	4	6	8	10	12	14	16	18	20	halbieren

B B

③ Halbiere.

6 = 3 + 3   12 = 6 + 6

2 = 1 + 1   20 = 10 + 10

16 = 8 + 8   14 = 7 + 7

51

Formen erkennen

① Male im Teppich alle Kreise grün,
alle Dreiecke blau und alle Vierecke rot.

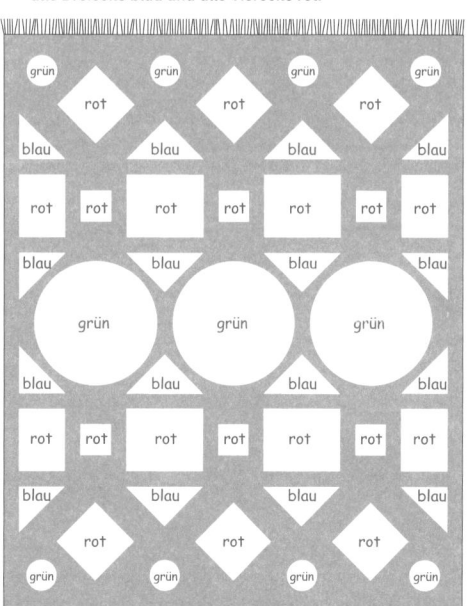

52

Verwandte Aufgaben ⊕ ⊖

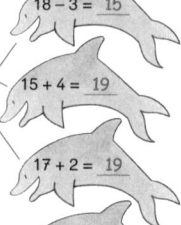

① Rechne und verbinde.

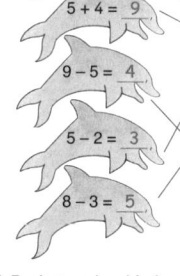

7 + 2 = 9   15 – 2 = 13

5 + 4 = 9   18 – 3 = 15

9 – 5 = 4   15 + 4 = 19

5 – 2 = 3   17 + 2 = 19

8 – 3 = 5   19 – 5 = 14

② Rechne und verbinde.

5 – 3 = 2	19 + 1 = 20
9 + 1 = 10	19 – 6 = 13
3 + 6 = 9	15 – 3 = 12
9 – 6 = 3	13 + 6 = 19
4 + 5 = 9	17 – 5 = 12
8 – 3 = 5	18 – 3 = 15
7 – 5 = 2	14 + 5 = 19

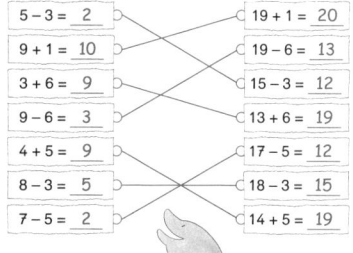

53

① Ergänze zur 10.

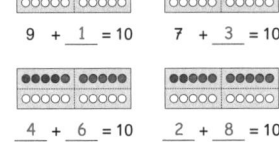

6 + 4 = 10   9 + _1_ = 10   7 + _3_ = 10

_8_ + _2_ = 10   _4_ + _6_ = 10   _2_ + _8_ = 10

②
| 9 + _1_ = 10 | 3 + _7_ = 10 | 5 + _5_ = 10 |
| 2 + _8_ = 10 | 7 + _3_ = 10 | 4 + _6_ = 10 |

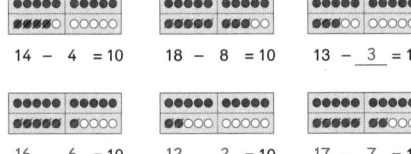

③ Rechne zurück bis zur 10.

14 − 4 = 10   18 − 8 = 10   13 − _3_ = 10

_16_ − _6_ = 10   _12_ − _2_ = 10   _17_ − _7_ = 10

④
| 13 − _3_ = 10 | 15 − _5_ = 10 | 19 − _9_ = 10 |
| 14 − _4_ = 10 | 16 − _6_ = 10 | 18 − _8_ = 10 |

54

⑤ Bis zur 10 und dann weiter

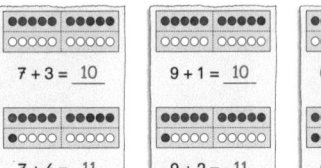

7 + 3 = _10_   9 + 1 = _10_   6 + 4 = _10_

7 + 4 = _11_   9 + 2 = _11_   6 + 5 = _11_

⑥
| 8 + 2 = _10_ | 5 + 5 = _10_ | 3 + 7 = _10_ |
| 8 + 3 = _11_ | 5 + 6 = _11_ | 3 + 8 = _11_ |

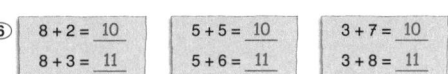

⑦ Zurück bis zur 10 und dann weiter

13 − 3 = _10_   15 − 5 = _10_   12 − 2 = _10_

13 − 4 = _9_   15 − 6 = _9_   12 − 3 = _9_

⑧
| 17 − 7 = _10_ | 14 − 4 = _10_ | 16 − 6 = _10_ |
| 17 − 8 = _9_ | 14 − 5 = _9_ | 16 − 7 = _9_ |

55

① In der Gummibärchenfabrik
Welche Farbe hat der nächste Bär?

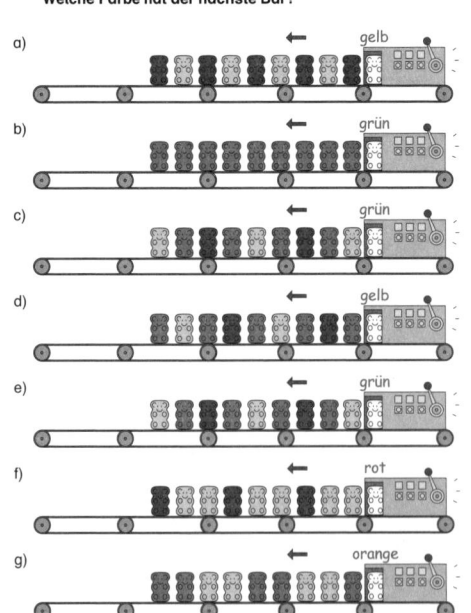

a) ← gelb

b) ← grün

c) ← grün

d) ← gelb

e) ← grün

f) ← rot

g) ← orange

56

①

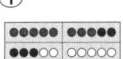
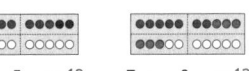

8 + _5_ = _13_   7 + _6_ = _13_   4 + _8_ = _12_
8 + 2 + 3 = _13_   7 + _3_ + 3 = _13_   4 + _6_ + 2 = _12_

9 + _7_ = _16_   5 + _8_ = _13_   3 + _9_ = _12_
9 + _1_ + 6 = _16_   5 + _5_ + 3 = _13_   3 + _7_ + 2 = _12_

7 + _5_ = _12_   4 + _9_ = _13_   7 + _8_ = _15_
7 + _3_ + 2 = _12_   4 + _6_ + 3 = _13_   7 + _3_ + 5 = _15_

②

| 6 + _7_ = _13_ | 5 + _9_ = _14_ | 4 + _7_ = _11_ |
| 6 + 4 + 3 = _13_ | 5 + 5 + 4 = _14_ | 4 + 6 + 1 = _11_ |

| 8 + _7_ = _15_ | 8 + _3_ = _11_ | 7 + _9_ = _16_ |
| 8 + 2 + 5 = _15_ | 8 + 2 + 1 = _11_ | 7 + 3 + 6 = _16_ |

57

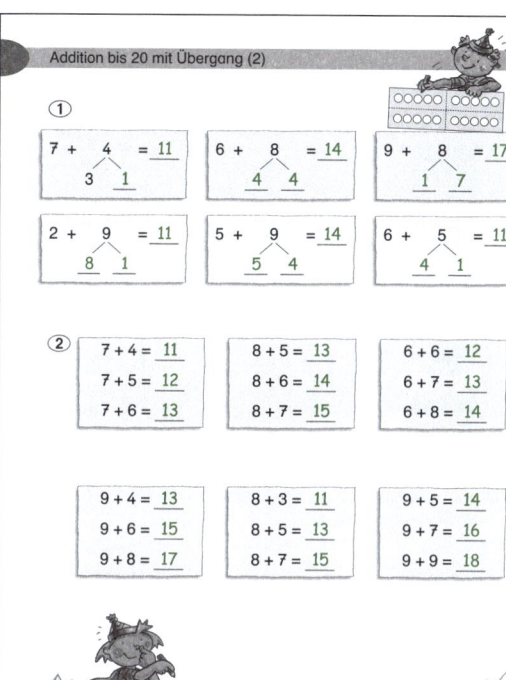

①

7 + 4 = 11
  3 1

6 + 8 = 14
  4 4

9 + 8 = 17
  1 7

2 + 9 = 11
  8 1

5 + 9 = 14
  5 4

6 + 5 = 11
  4 1

②

7 + 4 = 11
7 + 5 = 12
7 + 6 = 13

8 + 5 = 13
8 + 6 = 14
8 + 7 = 15

6 + 6 = 12
6 + 7 = 13
6 + 8 = 14

9 + 4 = 13
9 + 6 = 15
9 + 8 = 17

8 + 3 = 11
8 + 5 = 13
8 + 7 = 15

9 + 5 = 14
9 + 7 = 16
9 + 9 = 18

③

4 + 7 = 11
5 + 8 = 13

6 + 8 = 14
3 + 9 = 12

8 + 7 = 15
7 + 6 = 13

58

---

① Setze die Muster fort.

59

---

①

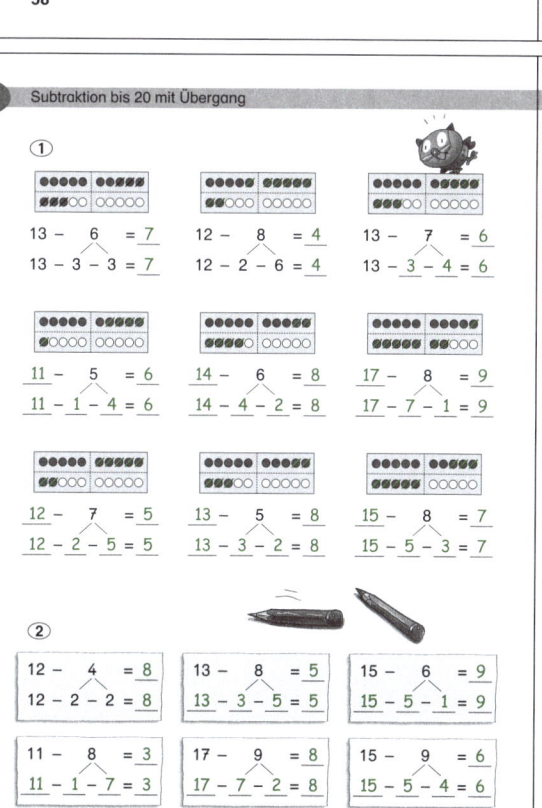

13 − 6 = 7
13 − 3 − 3 = 7

12 − 8 = 4
12 − 2 − 6 = 4

13 − 7 = 6
13 − 3 − 4 = 6

11 − 5 = 6
11 − 1 − 4 = 6

14 − 6 = 8
14 − 4 − 2 = 8

17 − 8 = 9
17 − 7 − 1 = 9

12 − 7 = 5
12 − 2 − 5 = 5

13 − 5 = 8
13 − 3 − 2 = 8

15 − 8 = 7
15 − 5 − 3 = 7

②

12 − 4 = 8
12 − 2 − 2 = 8

13 − 8 = 5
13 − 3 − 5 = 5

15 − 6 = 9
15 − 5 − 1 = 9

11 − 8 = 3
11 − 1 − 7 = 3

17 − 9 = 8
17 − 7 − 2 = 8

15 − 9 = 6
15 − 5 − 4 = 6

60

---

③

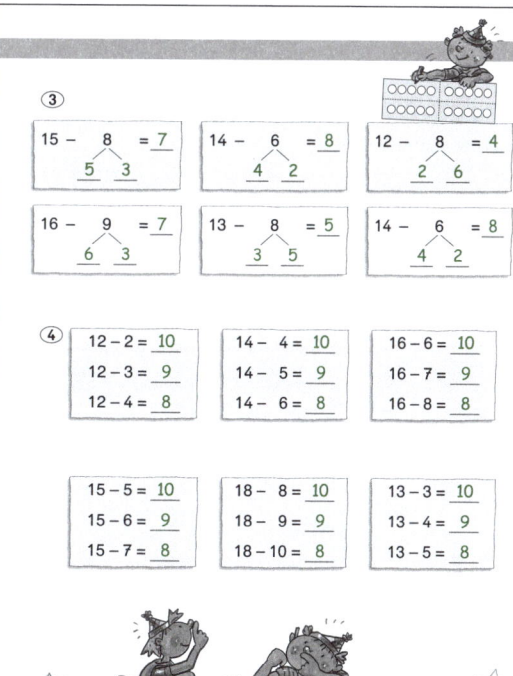

15 − 8 = 7
  5 3

14 − 6 = 8
  4 2

12 − 8 = 4
  2 6

16 − 9 = 7
  6 3

13 − 8 = 5
  3 5

14 − 6 = 8
  4 2

④

12 − 2 = 10
12 − 3 = 9
12 − 4 = 8

14 − 4 = 10
14 − 5 = 9
14 − 6 = 8

16 − 6 = 10
16 − 7 = 9
16 − 8 = 8

15 − 5 = 10
15 − 6 = 9
15 − 7 = 8

18 − 8 = 10
18 − 9 = 9
18 − 10 = 8

13 − 3 = 10
13 − 4 = 9
13 − 5 = 8

⑤

16 − 9 = 7
13 − 5 = 8

14 − 7 = 7
15 − 6 = 9

12 − 7 = 5
11 − 9 = 2

61

① Ergänze zur 10 und rechne weiter.

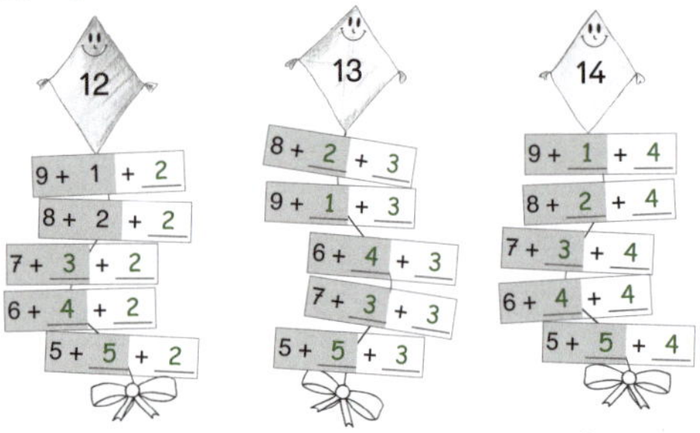

12

$9 + 1 + 2$
$8 + 2 + 2$
$7 + 3 + 2$
$6 + 4 + 2$
$5 + 5 + 2$

13

$8 + 2 + 3$
$9 + 1 + 3$
$6 + 4 + 3$
$7 + 3 + 3$
$5 + 5 + 3$

14

$9 + 1 + 4$
$8 + 2 + 4$
$7 + 3 + 4$
$6 + 4 + 4$
$5 + 5 + 4$

② Welche Fische gehören zusammen?
Male sie in derselben Farbe an.

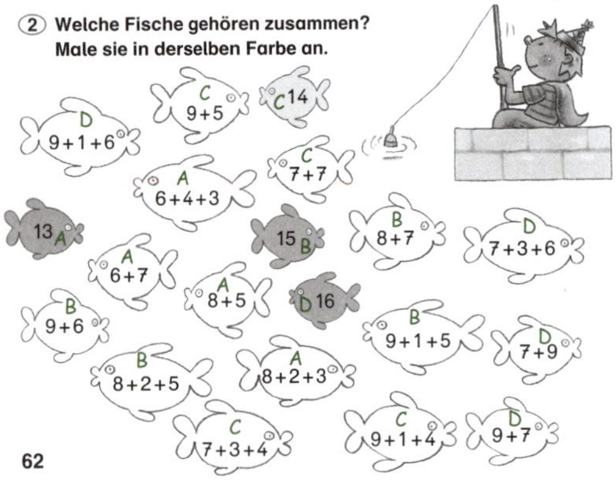

C $9 + 5$
C 14
D $9 + 1 + 6$
C $7 + 7$
A $6 + 4 + 3$
13 A
A $6 + 7$
A $8 + 5$
B $8 + 7$
D $7 + 3 + 6$
15 B
B $9 + 6$
D 16
B $9 + 1 + 5$
D $7 + 9$
B $8 + 2 + 5$
A $8 + 2 + 3$
C $7 + 3 + 4$
C $9 + 1 + 4$
D $9 + 7$

③ Färbe Fahnen mit demselben Ergebnis gleich.

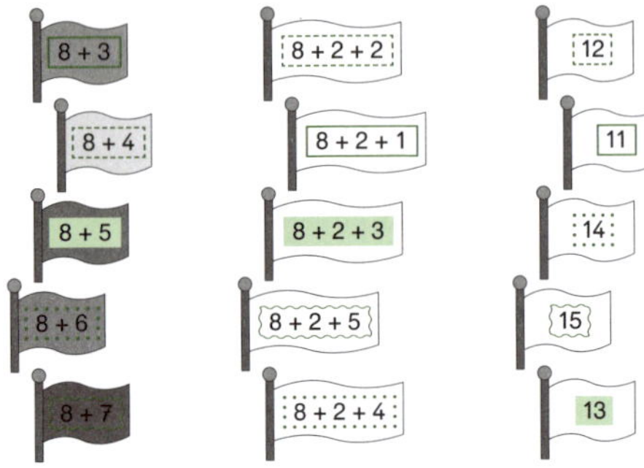

$8 + 3$ $8 + 2 + 2$ 12
$8 + 4$ $8 + 2 + 1$ 11
$8 + 5$ $8 + 2 + 3$ 14
$8 + 6$ $8 + 2 + 5$ 15
$8 + 7$ $8 + 2 + 4$ 13

④ Welche Anhänger passen zum LKW?
Verbinde und färbe sie.

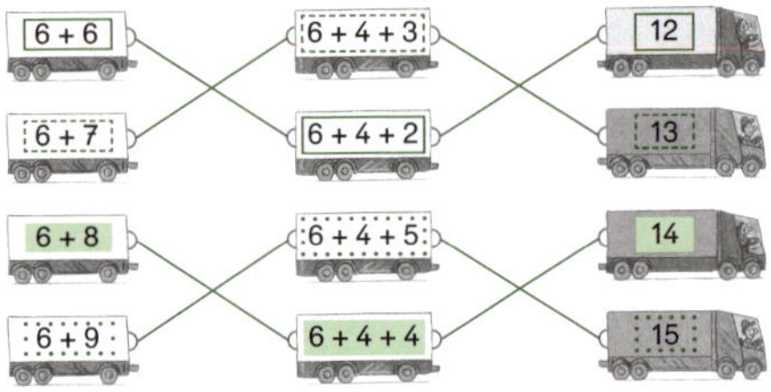

$6 + 6$ $6 + 4 + 3$ 12
$6 + 7$ $6 + 4 + 2$ 13
$6 + 8$ $6 + 4 + 5$ 14
$6 + 9$ $6 + 4 + 4$ 15

62

63

① Merke dir eine Figur und zeichne sie nach.

Und so wird's
gemacht:

Merke dir eine Figur
aus der linken Spalte.

Falte das Blatt entlang
der gestrichelten Linie.
Decke die Figur zu.

Zeichne sie rechts
nach.

Kontrolliere das
Ergebnis.

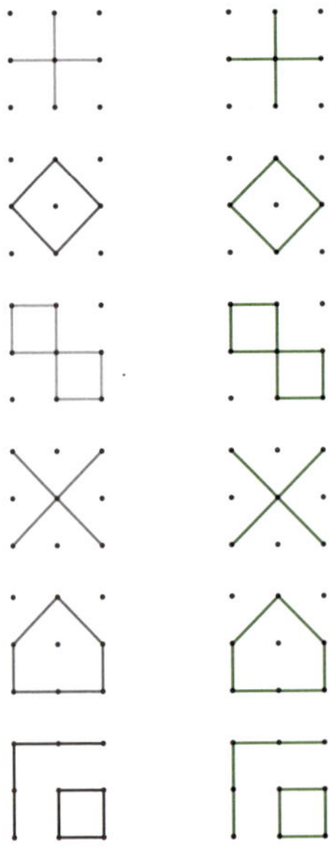

Das Geheimnis des Sternenhimmels
Auflösung Sternenbild: Adler

64

1 Rechne und färbe den Pfeil in der Farbe des Ergebnisses.

B 3 + 1 = _4_

4 + 6 = ___

9 − 3 = ___

5 − 3 = ___

9 − 5 = ___

4 − 2 = ___

1 + 5 = ___

10 − 4 = ___

9 − 7 = ___

3 + 7 = ___

3 + 5 = ___

2 + 8 = ___

6 − 2 = ___

4 + 4 = ___

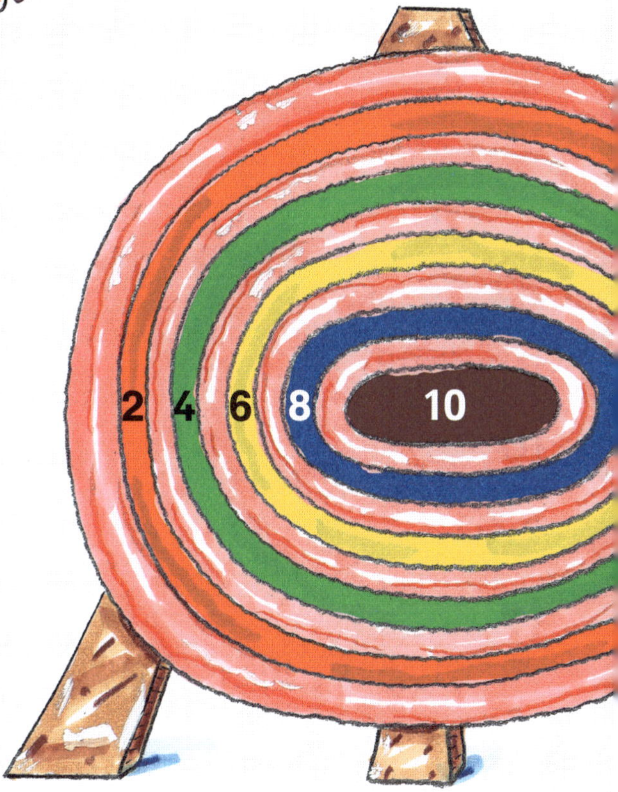

2   4   6   8   10

1 Wie viele sind es? Zähle und verbinde.

13

12

15

18

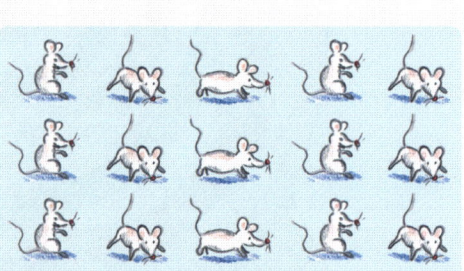

11

19

17

| 1 1 | 1 2 | 1 3 | | | | | | | 2 0 |

2 Zehner (**Z**) und Einer (**E**)

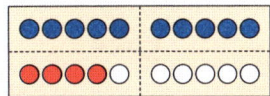 $14 = 10 + 4$

$17 = 10 + \rule{1cm}{0.4pt}$

$12 = 10 + \rule{1cm}{0.4pt}$

$16 = 10 + \rule{1cm}{0.4pt}$

$19 = 10 + \rule{1cm}{0.4pt}$

$13 = 10 + \rule{1cm}{0.4pt}$

$15 = \rule{1cm}{0.4pt} + 5$

$18 = \rule{1cm}{0.4pt} + 8$

$11 = \rule{1cm}{0.4pt} + 1$

3 Schreibe die Zahlen.

1 **Z** 7 **E** = \rule{1cm}{0.4pt}   1 **Z** 2 **E** = \rule{1cm}{0.4pt}   2 **Z** = \rule{1cm}{0.4pt}

1 **Z** 4 **E** = \rule{1cm}{0.4pt}   1 **Z** 9 **E** = \rule{1cm}{0.4pt}   7 **E** = \rule{1cm}{0.4pt}

1 **Z** 5 **E** = \rule{1cm}{0.4pt}   1 **Z** 1 **E** = \rule{1cm}{0.4pt}   1 **Z** = \rule{1cm}{0.4pt}

4 Ergänze die fehlenden Zahlen.

10, 11, ___, ___, ___, ___, ___, 17, ___, ___, 20

| 2 | 0 | | | | | | | | | | 1 | 1 |

1 Verbinde die Kärtchen mit der richtigen
Stelle am Zahlenstrahl.

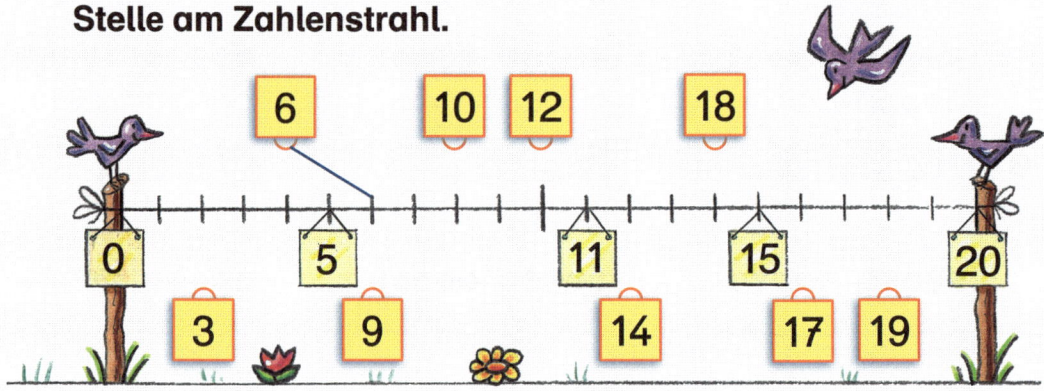

2 Zähle weiter.

6, 7, 8, ____, ____, ____, ____, ____, 14

9, 10, 11, ____, ____, ____, ____, ____, ____, 18

16, 15, 14, ____, ____, ____, ____, ____, 8

20, 19, 18, ____, ____, ____, ____, ____, ____, 11

3 Wie geht es weiter?

1, 3, 5, ____, 9, ____, 13, ____, ____, ____, 21

2, 4, 6, ____, ____, ____, 14, ____, ____, 20

20, 18, 16, ____, ____, 10, ____, ____, ____, ____, 0

 **4** Kleine Knobelei

20, 17, 14, ____, ____, ____, 2

5 Trage die fehlenden Zahlen ein.

1	2	3			6			9	10
11	12		14	15		17	18		20

6 Ausschnitte aus der Zwanzigertafel.
Wie heißen die fehlenden Zahlen?

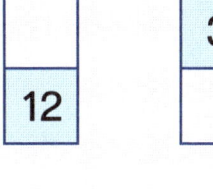

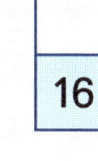

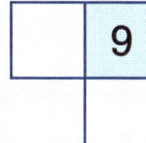

7 Schreibe die Zahlen der Reihe nach auf.
Beginne immer mit der kleinsten.

B 6 12 19 13 18 16 17

6 , ____ , ____ , ____ , ____ , ____ , ____

7 11 13 12 18 0 19

____ , ____ , ____ , ____ , ____ , ____ , ____

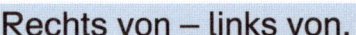

Male nur das richtige Bild wie im Puppenhaus an.

① **Was siehst du rechts von**  **?**

2 Was siehst du links von  ?

3 Was ist über  ?

4 Was ist zwischen  und  ?

① Welche Zahl kommt nach …?

14	___	13	___
18	___	19	___
12	___	17	___
16	___	15	___

② Welche Zahl kommt vor …?

___	11	___	19
___	15	___	16
___	14	___	20
___	12	___	13

③ Welche Zahl steht zwischen …?

14	___	16	12	___	14	18	___	20
17	___	19	9	___	11	15	___	17
13	___	15	10	___	12	16	___	18
11	___	13	19	___	21	7	___	9

④ Welche Zahl steht davor und welche dahinter?

a)

Vorgänger	Zahl	Nachfolger
B 13	14	15
	17	
	20	
	19	

b)

Vorgänger	Zahl	Nachfolger
	16	
	10	
	18	
	6	

0	1	2							1 0

1 **Vergleiche:** < = >

16 ◯ 19   12 ◯ 11   14 ◯ 14

15 ◯ 17   19 ◯ 15   10 ◯ 10

20 ◯ 11   17 ◯ 18   11 ◯ 14

13 ◯ 10   14 ◯ 17   18 ◯ 20

2 **Zahlenrätsel**

Meine Zahl ist um
1 kleiner als 20.

———

Meine Zahl ist größer
als 13. Sie ist kleiner
als 15.

———

Meine Zahl ist kleiner
als 19. Sie ist größer
als 17.

———

Welche Zahlen sind
größer als 12 und
kleiner als 15?

——— ———

3 **Kleine Knobelei**

Meine Zahl liegt genau
in der Mitte zwischen
10 und 20.

———

Meine Zahl ist genau
in der Mitte zwischen
14 und 18.

———

| 1 | 1 | | | | | | | | | | | | | | | | | 2 | 0 |

1 **Rechne.**

4 + 2 = ___

14 + 2 = ___

5 + 3 = ___

15 + 3 = ___

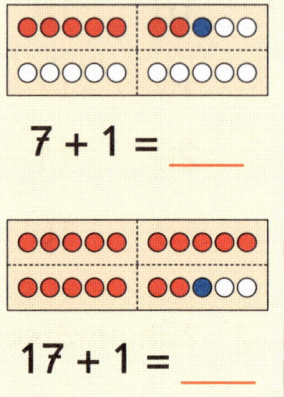

7 + 1 = ___

17 + 1 = ___

2 **Zeichne und rechne.**

a)

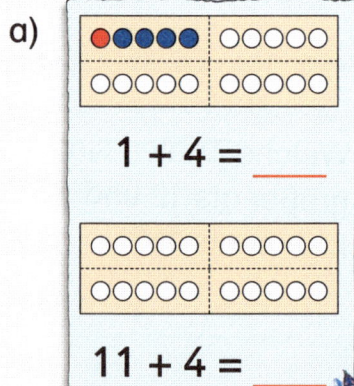

1 + 4 = ___

11 + 4 = ___

3 + 6 = ___

13 + 6 = ___

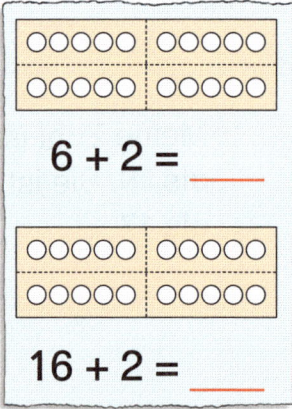

6 + 2 = ___

16 + 2 = ___

b)

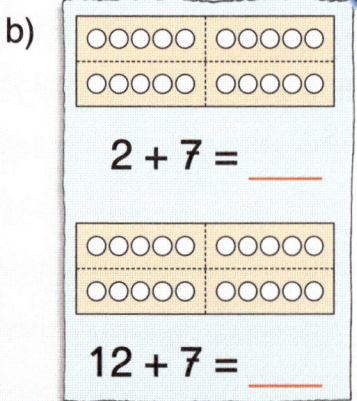

2 + 7 = ___

12 + 7 = ___

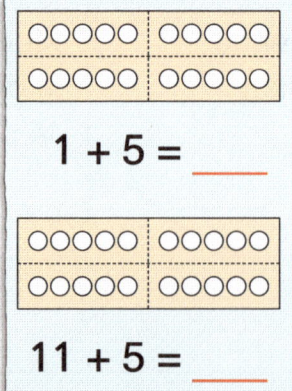

1 + 5 = ___

11 + 5 = ___

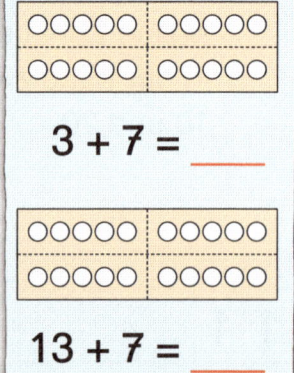

3 + 7 = ___

13 + 7 = ___

3 **Die kleine Aufgabe hilft dir.**

12 + 3 = ___	15 + 4 = ___	13 + 6 = ___
2 + 3 = ___	___ + ___ = ___	___ + ___ = ___

11 + 7 = ___	14 + 5 = ___	13 + 7 = ___
___ + ___ = ___	___ + ___ = ___	___ + ___ = ___

16 + 2 = ___	18 + 1 = ___	11 + 5 = ___
___ + ___ = ___	___ + ___ = ___	___ + ___ = ___

4 **Denke an die kleine Aufgabe. Rechne.**

12 + 2 = ___	11 + 4 = ___	11 + 3 = ___
15 + 3 = ___	13 + 2 = ___	13 + 6 = ___
11 + 7 = ___	16 + 1 = ___	
13 + 5 = ___	12 + 4 = ___	

5 **Kleine Knobelei**

4 + 2 = ___	6 + 3 = ___
14 + 2 = ___	16 + 3 = ___
24 + 2 = ___	_____
___ + ___ = ___	_____

1 Findest du den Schuh?
Male ihn an.

2 Suche auch die Kanne und die Jacke.
Male sie an.

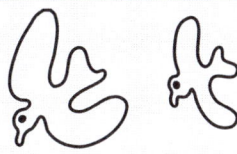

5 Wie viele Tiere erkennst du auf dem Bild?

45

① **Rechne.**

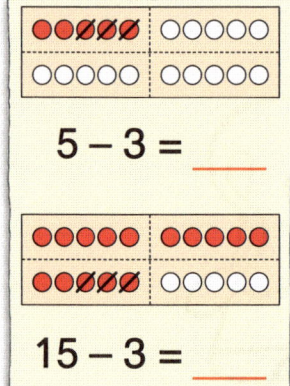

5 − 3 = ___

15 − 3 = ___

7 − 5 = ___

17 − 5 = ___

8 − 4 = ___

18 − 4 = ___

② **Zeichne und rechne.**

a)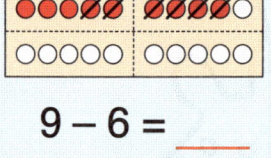

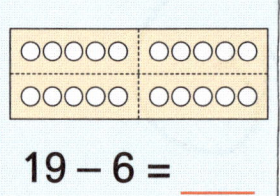

9 − 6 = ___

19 − 6 = ___

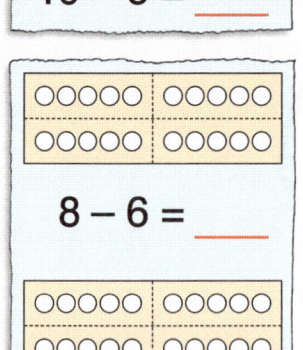 

4 − 3 = ___

14 − 3 = ___

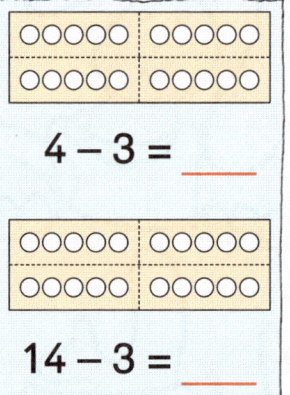

6 − 2 = ___

16 − 2 = ___

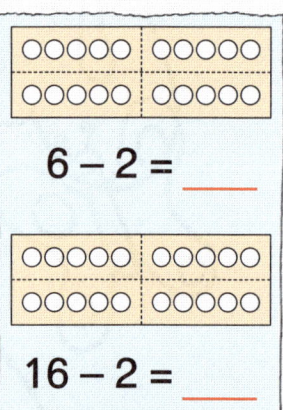

b)

8 − 6 = ___

18 − 6 = ___

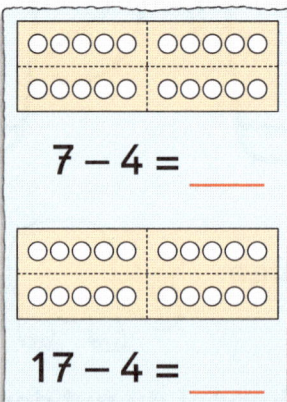

7 − 4 = ___

17 − 4 = ___

5 − 2 = ___

15 − 2 = ___

(3) Die kleine Aufgabe hilft dir.

13 – 2 = ___
3 – 2 = ___

15 – 4 = ___
___ – ___ = ___

16 – 3 = ___
___ – ___ = ___

18 – 5 = ___
___ – ___ = ___

17 – 4 = ___
___ – ___ = ___

16 – 5 = ___
___ – ___ = ___

14 – 3 = ___
___ – ___ = ___

18 – 4 = ___
___ – ___ = ___

19 – 6 = ___
___ – ___ = ___

(4) Denke an die kleine Aufgabe. Rechne.

19 – 2 = ___

18 – 4 = ___

13 – 1 = ___

16 – 3 = ___

17 – 1 = ___

17 – 2 = ___

15 – 4 = ___

19 – 3 = ___

18 – 5 = ___

15 – 2 = ___

(5) Kleine Knobelei

5 – 3 = ___

7 – 4 = ___

15 – 3 = ___

17 – 4 = ___

25 – 3 = ___

_____

_____

_____

1 **Immer** das Doppelte

 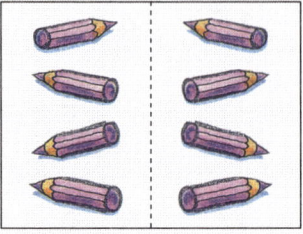 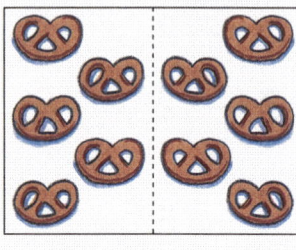

B 3 + 3 = 6   4 + 4 = ___   5 + 5 = ___

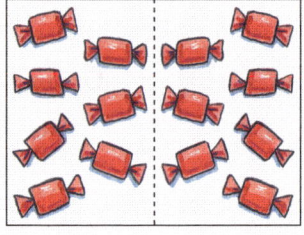  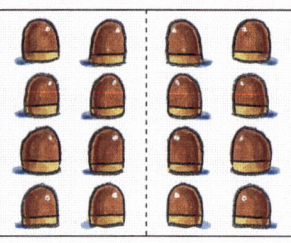

7 + 7 = ___   6 + 6 = ___   8 + 8 = ___

2 **Zeichne und rechne.**

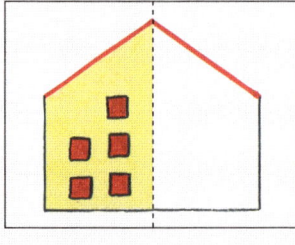 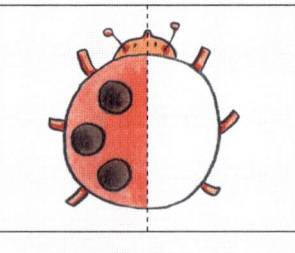 

B 2 + 2 = 4   4 + 4 = ___   9 + 9 = ___

5 + 5 = ___   3 + 3 = ___   7 + 7 = ___

3 **Rechne.**

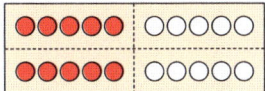

$5 + 5 =$ _____ $8 + 8 =$ _____ $6 + 6 =$ _____

$1 + 1 =$ _____ $9 + 9 =$ _____ $10 + 10 =$ _____

4 **Zeichne und rechne.**

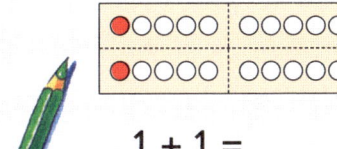

$4 + 4 =$ _____ $3 +$ _____ $=$ _____ $5 +$ _____ $=$ _____

$8 +$ _____ $=$ _____ $7 +$ _____ $=$ _____ $2 +$ _____ $=$ _____

Lerne die Aufgaben auswendig.

5 **Rechne.**

$3 + 3 =$ _____	$0 + 0 =$ _____	$5 + 5 =$ _____
$4 + 4 =$ _____	$6 + 6 =$ _____	$8 + 8 =$ _____
$7 + 7 =$ _____	$10 + 10 =$ _____	$9 + 9 =$ _____

1 **Halbiere** und rechne.

B $6 = 3 + 3$ $4 = 2 + \underline{}$ $8 = \underline{} + \underline{}$

$12 = \underline{} + \underline{}$ $10 = \underline{} + \underline{}$ $14 = \underline{} + \underline{}$

2 Halbiere.

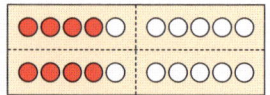

     $8 = 4 + 4$ $6 = 3 + \underline{}$ $4 = \underline{} + \underline{}$

$12 = \underline{} + \underline{}$ $14 = \underline{} + \underline{}$ $10 = \underline{} + \underline{}$

$18 = \underline{} + \underline{}$ $16 = \underline{} + \underline{}$ $20 = \underline{} + \underline{}$

1 **Verdopple und halbiere.**

4 + 4 = _____   8 = _____ + _____

2 + 2 = _____   4 = _____ + _____

8 + 8 = _____   16 = _____ + _____

6 + 6 = _____   12 = _____ + _____

10 + 10 = _____   20 = _____ + _____

2 **Ergänze.**

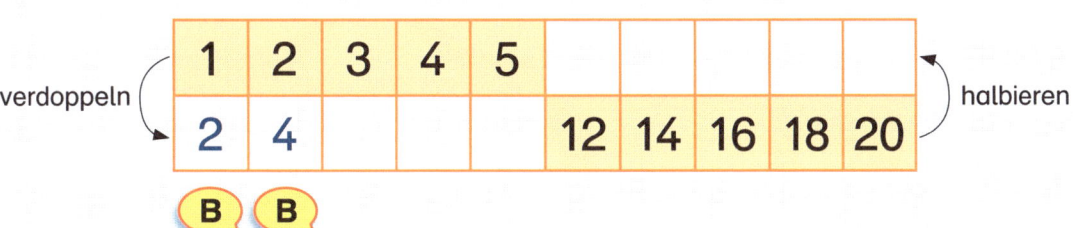

verdoppeln   halbieren

1	2	3	4	5					
2	4				12	14	16	18	20

3 **Halbiere.**

6 = _____ + _____   12 = _____ + _____

2 = _____ + _____   20 = _____ + _____

16 = _____ + _____   14 = _____ + _____

51

1 **Male im Teppich alle Kreise grün,
alle Dreiecke blau und alle Vierecke rot.**

1 **Rechne und verbinde.**

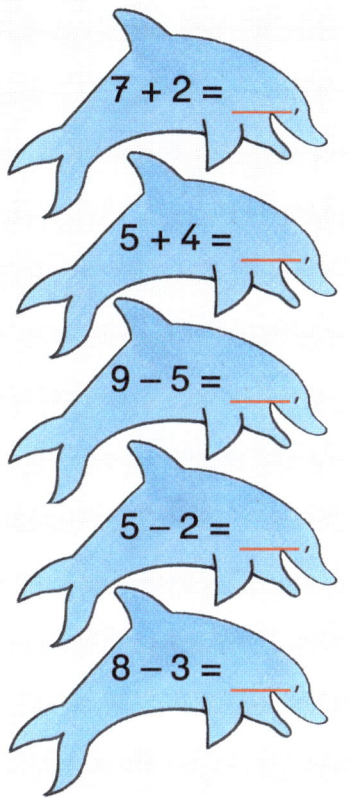

7 + 2 = ___

5 + 4 = ___

9 − 5 = ___

5 − 2 = ___

8 − 3 = ___

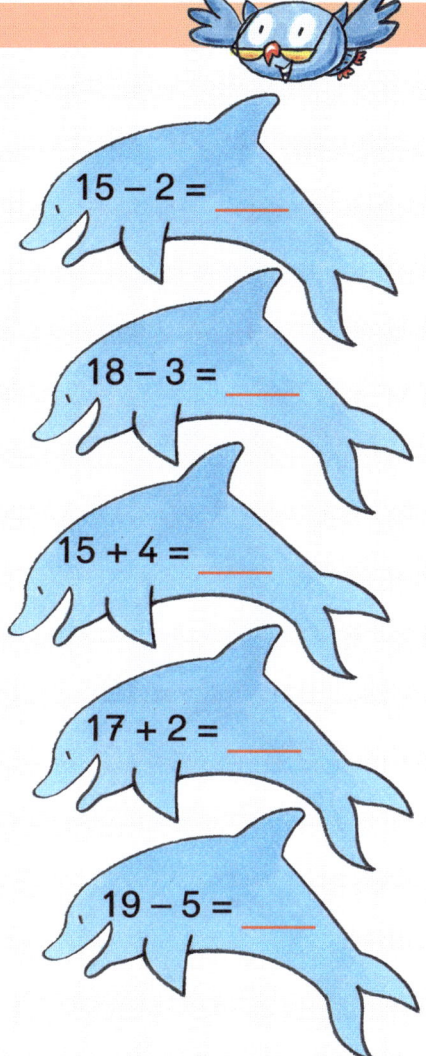

15 − 2 = ___

18 − 3 = ___

15 + 4 = ___

17 + 2 = ___

19 − 5 = ___

2 **Rechne und verbinde.**

5 − 3 = ___

9 + 1 = ___

3 + 6 = ___

9 − 6 = ___

4 + 5 = ___

8 − 3 = ___

7 − 5 = ___

19 + 1 = ___

19 − 6 = ___

15 − 3 = ___

13 + 6 = ___

17 − 5 = ___

18 − 3 = ___

14 + 5 = ___

1 **Ergänze zur 10.**

6 + 4 = 10   9 + ____ = 10   7 + ____ = 10

____ + ____ = 10   ____ + ____ = 10   ____ + ____ = 10

2

9 + ____ = 10   3 + ____ = 10   5 + ____ = 10

2 + ____ = 10   7 + ____ = 10   4 + ____ = 10

3 **Rechne zurück bis zur 10.**

14 − 4 = 10   18 − 8 = 10   13 − ____ = 10

____ − ____ = 10   ____ − ____ = 10   ____ − ____ = 10

4

13 − ____ = 10   15 − ____ = 10   19 − ____ = 10

14 − ____ = 10   16 − ____ = 10   18 − ____ = 10

5 **Bis zur 10 und dann weiter**

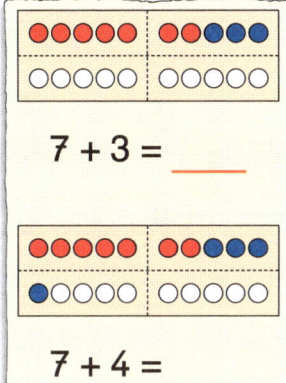

7 + 3 = ____

7 + 4 = ____

9 + 1 = ____

9 + 2 = ____

6 + 4 = ____

6 + 5 = ____

6

8 + 2 = ____

8 + 3 = ____

5 + 5 = ____

5 + 6 = ____

3 + 7 = ____

3 + 8 = ____

7 **Zurück bis zur 10 und dann weiter**

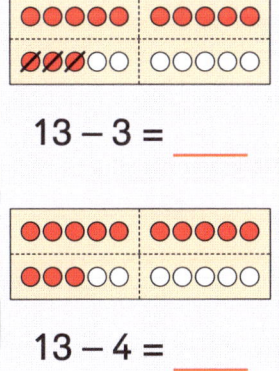
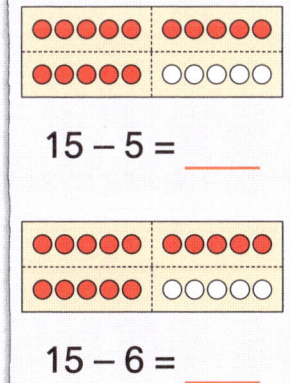
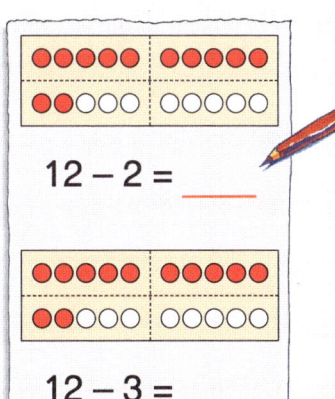

13 − 3 = ____

13 − 4 = ____

15 − 5 = ____

15 − 6 = ____

12 − 2 = ____

12 − 3 = ____

8

17 − 7 = ____

17 − 8 = ____

14 − 4 = ____

14 − 5 = ____

16 − 6 = ____

16 − 7 = ____

1 In der Gummibärchenfabrik
Welche Farbe hat der nächste Bär?

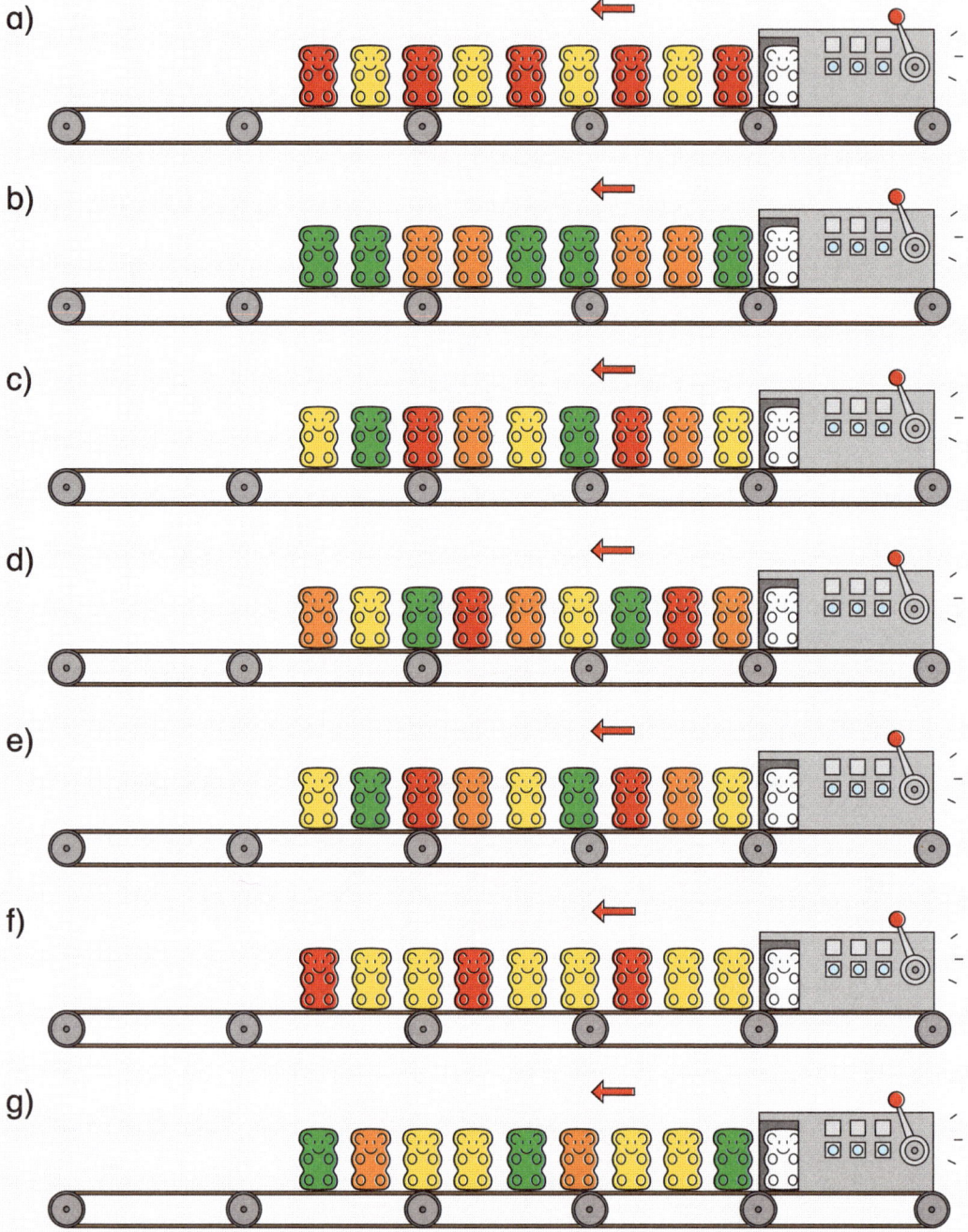

a)

b)

c)

d)

e)

f)

g)

1

8 + 5 = ___
8 + 2 + 3 = ___

7 + 6 = ___
7 + __ + __ = ___

4 + 8 = ___
4 + __ + __ = ___

9 + 7 = ___
9 + __ + __ = ___

5 + 8 = ___
5 + __ + __ = ___

3 + 9 = ___
3 + __ + __ = ___

7 + 5 = ___
7 + __ + __ = ___

4 + 9 = ___
4 + __ + __ = ___

7 + 8 = ___
7 + __ + __ = ___

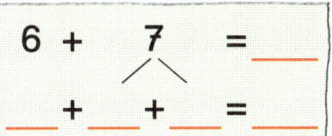

2

6 + 7 = ___
__ + __ = ___

5 + 9 = ___
__ + __ = ___

4 + 7 = ___
__ + __ = ___

8 + 7 = ___
__ + __ = ___

8 + 3 = ___
__ + __ = ___

7 + 9 = ___
__ + __ = ___

**① **

7 + 4 = ___
3 ___

6 + 8 = ___
___

9 + 8 = ___
___

2 + 9 = ___
___ ___

5 + 9 = ___
___ ___

6 + 5 = ___
___

②

7 + 4 = ___
7 + 5 = ___
7 + 6 = ___

8 + 5 = ___
8 + 6 = ___
8 + 7 = ___

6 + 6 = ___
6 + 7 = ___
6 + 8 = ___

9 + 4 = ___
9 + 6 = ___
9 + 8 = ___

8 + 3 = ___
8 + 5 = ___
8 + 7 = ___

9 + 5 = ___
9 + 7 = ___
9 + 9 = ___

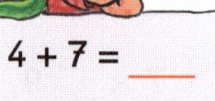

③

4 + 7 = ___

6 + 8 = ___

8 + 7 = ___

5 + 8 = ___

3 + 9 = ___

7 + 6 = ___

1 Setze die **Muster** fort.

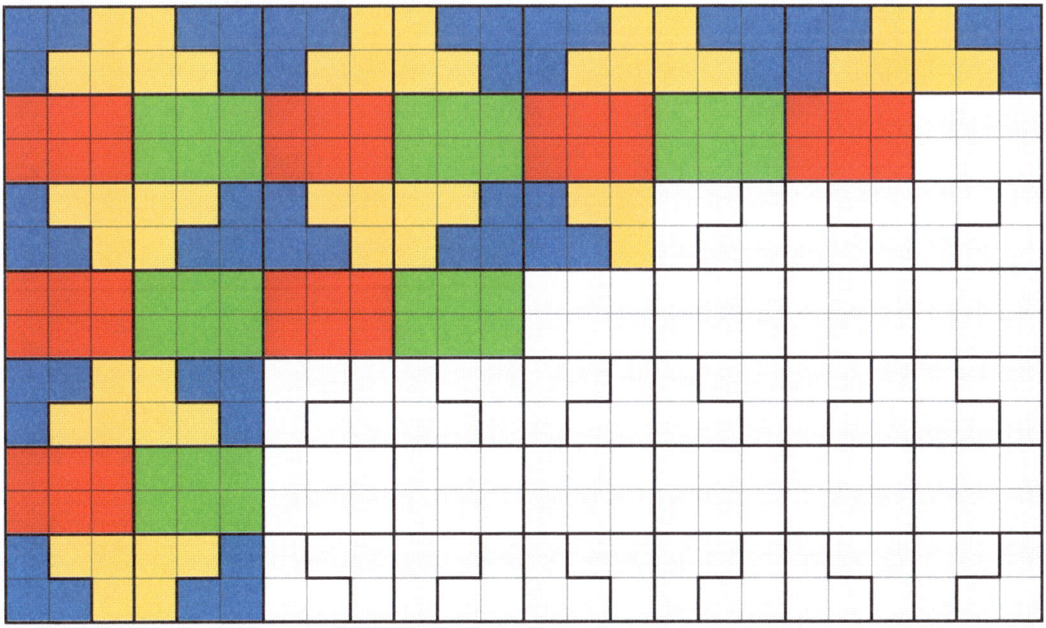

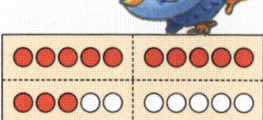

1

13 − 6 = ___
13 − 3 − 3 = ___

12 − 8 = ___
12 − 2 − 6 = ___

13 − 7 = ___
13 − ___ − ___ = ___

___ − 5 = ___
___ − ___ − ___ = ___

___ − 6 = ___
___ − ___ − ___ = ___

___ − 8 = ___
___ − ___ − ___ = ___

___ − 7 = ___
___ − ___ − ___ = ___

___ − 5 = ___
___ − ___ − ___ = ___

___ − 8 = ___
___ − ___ − ___ = ___

2

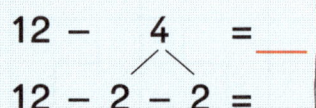

12 − 4 = ___
12 − 2 − 2 = ___

13 − 8 = ___
___ − ___ − ___ = ___

15 − 6 = ___
___ − ___ − ___ = ___

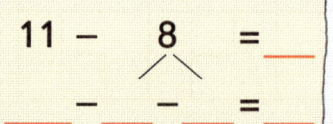

11 − 8 = ___
___ − ___ − ___ = ___

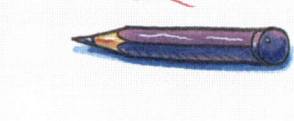

17 − 9 = ___
___ − ___ − ___ = ___

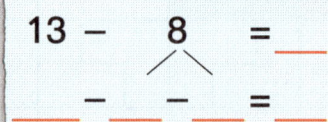

15 − 9 = ___
___ − ___ − ___ = ___

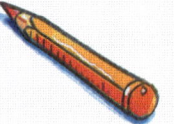

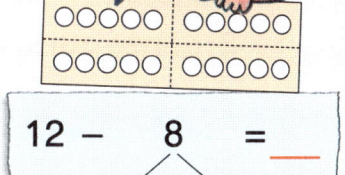

3

15 − 8 = ___

14 − 6 = ___

12 − 8 = ___

___ ___

___ ___

___ ___

16 − 9 = ___

13 − 8 = ___

14 − 6 = ___

___ ___

___ ___

___ ___

4

12 − 2 = ___
12 − 3 = ___
12 − 4 = ___

14 − 4 = ___
14 − 5 = ___
14 − 6 = ___

16 − 6 = ___
16 − 7 = ___
16 − 8 = ___

15 − 5 = ___
15 − 6 = ___
15 − 7 = ___

18 − 8 = ___
18 − 9 = ___
18 − 10 = ___

13 − 3 = ___
13 − 4 = ___
13 − 5 = ___

5

16 − 9 = ___

14 − 7 = ___

12 − 7 = ___

13 − 5 = ___

15 − 6 = ___

11 − 9 = ___

1 Ergänze zur 10 und rechne weiter.

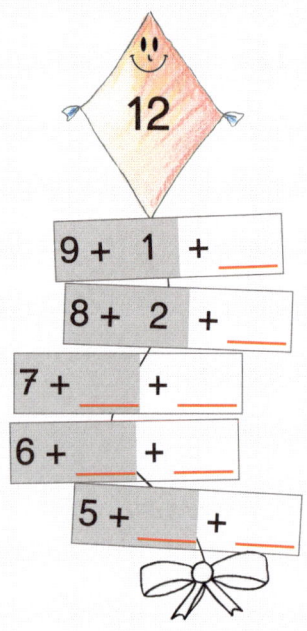

12

9 + 1 + ___
8 + 2 + ___
7 + ___ + ___
6 + ___ + ___
5 + ___ + ___

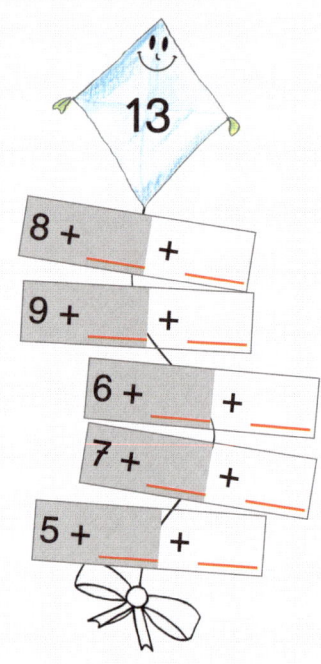

13

8 + ___ + ___
9 + ___ + ___
6 + ___ + ___
7 + ___ + ___
5 + ___ + ___

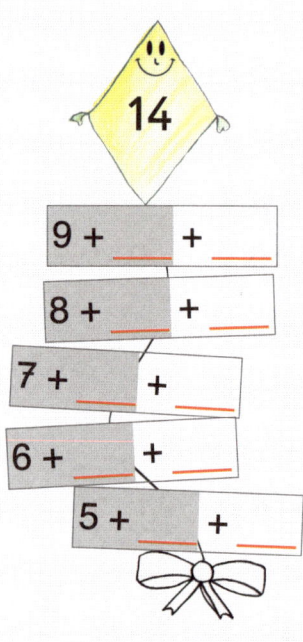

14

9 + ___ + ___
8 + ___ + ___
7 + ___ + ___
6 + ___ + ___
5 + ___ + ___

2 Welche Fische gehören zusammen?
Male sie in derselben Farbe an.

9 + 5

14

9 + 1 + 6

7 + 7

6 + 4 + 3

13

15

8 + 7

7 + 3 + 6

6 + 7

8 + 5

16

9 + 6

9 + 1 + 5

7 + 9

8 + 2 + 5

8 + 2 + 3

7 + 3 + 4

9 + 1 + 4

9 + 7

62

3 Färbe Fahnen mit demselben Ergebnis gleich.

8 + 3

8 + 4

8 + 5

8 + 6

8 + 7

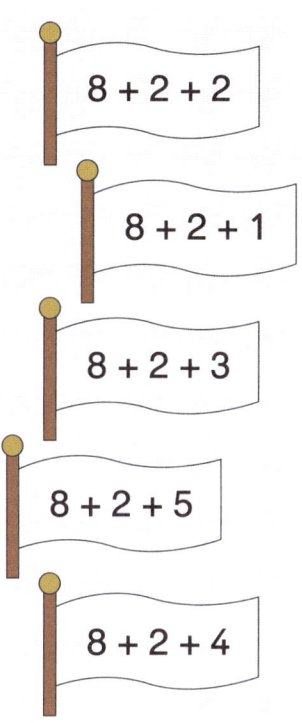

8 + 2 + 2

8 + 2 + 1

8 + 2 + 3

8 + 2 + 5

8 + 2 + 4

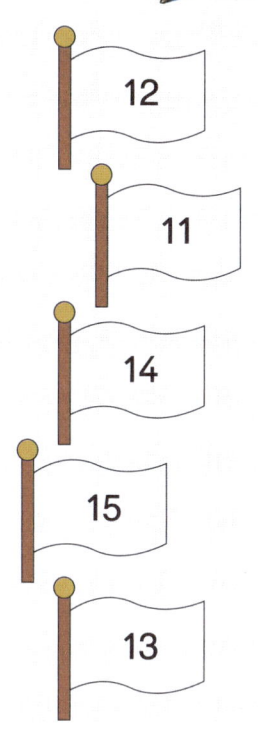

12

11

14

15

13

4 Welche Anhänger passen zum LKW?
Verbinde und färbe sie.

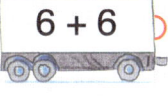

6 + 6

6 + 4 + 3

12

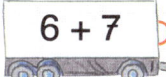

6 + 7

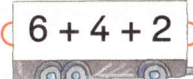

6 + 4 + 2

13

6 + 8

6 + 4 + 5

14

6 + 9

6 + 4 + 4

15

① **Merke dir eine Figur und zeichne sie nach.**

Und so wird's
gemacht:

Merke dir eine Figur
aus der linken Spalte.

Falte das Blatt entlang
der gestrichelten Linie.
Decke die Figur zu.

Zeichne sie rechts
nach.

Kontrolliere das
Ergebnis.